Christy Brown

MEIN LINKER FUSS

Henssel Verlag Berlin

Titel der englischen Originalausgabe
MY LEFT FOOT
Übersetzung: Leonharda Gescher

12. Auflage 1982
ISBN 3 87329 055 3
Verleger der englischen Ausgabe: Secker & Warburg · London
Deutsche Rechte: Karl H. Henssel Verlag · Berlin
Druck: Druckhaus Langenscheidt
Bucheinband: Schöneberger Buchbinderei, beide in Berlin

INHALT

Unserer Mutter

VORWORT

Vor vielen Jahren veranstalteten ein paar wohlwollende Theaterleute eine Filmvorführung für Kinder. Es war eine Matinée, und sie stand unter der Schirmherrschaft einer wohltätigen Stiftung, die nach der zweiten Aufführung meines Stückes MARROWBONE LANE gegründet worden war. Als die Vorstellung zu Ende war und die Kinder aus dem Saal strömten, fiel mir ein merkwürdig aussehender kleiner Junge auf, der rittlings auf den Schultern eines viel größeren und kräftigeren Jungen saß. Es war ein verblüffender Anblick, und heute noch sehe ich das Bild deutlich vor mir. Der als Reitpferd dienende Junge war breitschultrig und hatte wirres, dunkles Haar, seine Lippen waren zu einem seltsamen Lächeln verzogen, das Selbstvertrauen, Stärke und Freundlichkeit zum Ausdruck brachte. Die Beine des Reitersmanns schlangen sich um den Körper des großen Bruders, die Arme und Hände hielt er auf befremdliche Weise fest an sich gepreßt. Besonders deutlich hatten sich mir jedoch das bleiche junge Gesicht und die Augen eingeprägt. Es schien, als leuchteten diese Augen mit größter Lebendigkeit und wachem Geist aus dem Gesichtchen heraus. Obwohl Christy Brown heute bereits ein Mann von zweiundzwanzig Jahren ist, spricht immer noch die gleiche seltene Geisteskraft aus seinem Blick. Ich erkundigte mich damals, wer der Kleine sei, und erfuhr, er heiße Christy Brown und sei von Geburt an beinahe völlig gelähmt, dabei offenbar durchaus intelligent, wenn er auch nicht sprechen könne. Jahre vergingen, aber niemals konnte ich jenen Augenblickseindruck vergessen. Nun hatte meine Schwägerin, Eirene Collis, gerade eine neue, aus Amerika stammende Behandlungsweise für zerebrale Kinderlähmung in Europa eingeführt, und auf ihre Anregung hin eröffnete ich vor vier Jahren in Dublin eine Klinik, in der diese neue Behandlungsmethode zur Anwendung gebracht werden sollte. Sogleich fiel mir Christy Brown wieder ein, und ich stellte Nachforschungen nach ihm an. Nach einigem Suchen fand ich ihn: Er wohnte in einer weitgestreckten Siedlung moderner Arbeiterhäuser. Ich klopfte. Eine kleine, etwas beleibte, lächelnde Frau in den Vierzigern mit rundem Gesicht öffnete die Tür und führte mich in die Wohnküche, die von zahllosen Kindern jeden Alters überquoll – jedenfalls wirkte es so auf mich. In einem großen Stuhl neben dem Feuer saß, von Kissen gestützt, der verkrüppelte Knabe, nach welchem ich suchte. Als ich ihn anblickte, fühlte ich mich sofort zu ihm hingezogen. Die anderen im Zimmer Anwesenden schienen zurückzuweichen, und mir war, als stünde ich allein einem Menschen gegenüber, den ich offenbar schon lange kannte. Er war völlig unfähig zu sprechen oder sich mit mir zu verständigen, aber das hinderte mich keineswegs, mit ihm in Kontakt zu kommen.

Vieles hat sich seitdem zwischen uns beiden zugetragen, vieles, was mich jetzt in den Stand versetzt, dieses Vorwort zu seinem Buch zu schreiben.

Ich will hier nicht die Geschichte vorwegnehmen, die er selber so gut erzählt, den Bericht darüber, wie er die Durchführung der Behandlung seiner zerebralen Kinderlähmung in Angriff nahm oder wie er „zu schreiben“ lernte. Wenn der Leser aber gewisse Fragen beantwortet haben möchte, nachdem er Christys Bericht über seine Fortschritte auf diesem Gebiet zu Ende gelesen hat, besonders, wenn er Näheres über die rein medizinische Seite seines Leidens, die zerebrale Kinderlähmung, zu erfahren wünscht, dann möge er das Nachwort am Schluß des Buches lesen, in welchem er solche Fragen beantwortet findet.

Ich glaube, in gewissem Sinne den Anspruch erheben zu dürfen, daß ich Christy Brown gelehrt habe, wie man schreibt, oder besser, wie man nicht schreiben darf. Er ist zweifellos der beste Schüler, den ich jemals gehabt habe. Das vorliegende Buch ist jedoch keineswegs etwa mein Werk. Wir haben es zwar vorher geplant und während der ganzen Zeit seines Entstehens besprochen, und ich bin auch ein erbarmungsloser Kritiker gewesen, da ich nun einmal aus einer literarisch belasteten Familie stamme. Meine beiden Brüder sind als Schriftsteller rühmlichst bekannt (John Stewart Collis, mein Zwillingsbruder, und Maurice Collis, mein älterer Bruder). Meine eigenen Kenntnisse über das Schreiben verdanke ich weitgehend den Ratschlägen, die sie ihrem nicht so bewanderten Bruder gaben. Diese Ratschläge und noch ein paar eigene Erfahrungen, die ich selber beim Schreiben gemacht hatte, habe ich an Christy weitergegeben. Da er damals überhaupt noch nicht imstande war, deutlich zu sprechen, konnte er auf meine Auseinandersetzungen nichts entgegnen. Als er das Buch von neuem zu schreiben begann, war es für mich eine große Überraschung und Freude, zu entdecken, daß er alles, was ich gesagt hatte, richtig verstanden und beherzigt hatte. Er hatte tatsächlich mehr begriffen, als man normalerweise hätte erwarten können. Während er allein und abgesondert in seinem kleinen Zimmer saß, hatte er alle Gedanken „weitergesponnen", so daß er nun in einem ihm eigenen, einfachen Stil zu schreiben begann und in sehr kurzer Zeit ein richtiger Könner wurde. Sein Schreibstil weist eine harte, unsentimentale Note auf. Er hat sie seiner Selbstdisziplin zu verdanken, die er sich ständig auferlegen mußte, um sein intensives Empfindungsleben zu zügeln. Ebenso weist sein Verstand einen bemerkenswerten Sinn für das Wesentliche auf, so daß der Leser niemals gelangweilt ist, sondern der Handlung voller Spannung folgt.

Er beschreibt seine außergewöhnliche Familie von vierzehn Mitgliedern so porträtähnlich und genau so, wie ich sie mit eigenen Augen sah. Sollte jemand einmal nach

Stannaway Road in Dublin kommen, so würde er dort Mr. und Mrs. Brown zusammen mit Paddy und Peggy und Mona und Francis und Seàn und Eamonn und alle die anderen antreffen, und zwar genau so, wie er sie sich vorgestellt hatte. Und ich glaube darüber hinaus, daß man auch Christy selber so vorfinden würde, wie man ihn vorzufinden gehofft hatte. Man würde nicht enttäuscht sein, wie es einem so leicht geht, wenn man Autoren kennenzulernen wünscht, deren Werke man gelesen hat, und ihnen dann wirklich begegnet. Die Browns mit ihrer unnachahmlichen Mutter sind ohne Zweifel die bemerkenswerteste Familie, der ich jemals begegnet bin, und nichts bereitet mir größeres Vergnügen, als wenn ich zum Abschluß eines langen Tages zu ihnen hineinschaue, in der Küche mit ihnen allen einen Plausch mache und dann über den Hof in Christys kleines Heiligtum gehe, um plaudernd oder lesend bei ihm zu verweilen. All dieses ist in Irland natürlich längst nicht so ungewöhnlich, wie es anderswo der Fall sein mag. Denn hierzulande ist man daran gewöhnt, unvermutet mit dem Briefträger in eine stürmische Auseinandersetzung über die Verdienste Ibsens verwickelt zu werden oder die Entdeckung zu machen, daß der Fahrer, der den Bus die tausend Fuß zu unserem Dorf in den Bergen hinauffährt, derselbe Mann ist, der gerade im Begriff ist, eines der Stücke aus dem Abbey Theater anläßlich des dramatischen Festivals im Ort zur Aufführung zu bringen. Und man wird auch dauernd gefragt, ob man bereit sei, ein Theaterstück „zu überfliegen", das der diensttuende Polizist draußen vor der Klinik geschrieben hat – oder den Roman von irgendeinem Schüler.

Abgesehen vom literarischen Wert des Buches und dem Interesse, das Christys Gemälde einer Dubliner Familie in uns erweckt, ist dieses Buch meiner Meinung nach von grundlegender Bedeutung. Mit Ausnahme des großen Werks von Helen Keller und Annie Sullivan ist ein verkrüppelter, blinder oder tauber Mensch selten so begabt gewesen, daß er imstande war, den Vorhang, der das Leben so vieler unserer weniger glücklichen Brüder und Schwestern abschließt, zu lüften und uns einen Blick dahinter werfen zu lassen. Niemals, glaube ich, hat jemand einen Bericht über ein vom normalen Leben so völlig abweichendes Leben gelesen, einen Bericht, der dazu noch mit einer solchen Könnerschaft geschrieben ist, daß man wirklich nachempfinden kann, was der Verfasser selber empfunden hat. Alles, was ich mit Christy Brown erlebte, ist für mich eine einzigartige Offenbarung gewesen. Und diese Offenbarung war mir ein Beweis dafür, welcher erstaunlichen Kräfte der Geist des Menschen fähig ist, wenn es gilt, Unmögliches zu überwinden. Vor allem hilft es uns erkennen, wie ungeheuer notwendig es ist, daß des Menschen Seele Befreiung finde aus allen Gefängnissen jeglicher Art.

Bo-Island
Newtownmountkennedy

Robert Collis

Der Buchstabe „A“

Ich wurde am 5. Juni 1932 im Rotunda-Hospital geboren. Vor mir hatte meine Mutter schon neun Kinder zur Welt gebracht, und nach mir kamen noch zwölf, ich selber gehöre also zur mittleren Gruppe. Von diesen insgesamt zweiundzwanzig Kindern blieben siebzehn am Leben, vier starben im Kindesalter, so daß immer noch dreizehn übrigblieben, um unsere Familie vollzählig zu machen.

Meine Geburt soll eine schwere Geburt gewesen sein, wie man mir sagte. Beinahe wären sowohl Mutter als auch Sohn gestorben. Ein ganzes Heer von Verwandten stand bis in die frühen Morgenstunden draußen vor der Klinik Schlange, man wartete auf Nachrichten und betete inbrünstig, es möge gut ausgehen.

Nach meiner Geburt wurde meine Mutter für einige Wochen zur Erholung fortgeschickt, und ich blieb während ihrer Abwesenheit in der Klinik. Dort verbrachte ich einige Zeit ohne Namen, denn ich wurde nicht eher getauft, als bis meine Mutter sich kräftig genug fühlte, um mich in die Kirche zu tragen.

Meine Mutter bemerkte als erste, daß mit mir etwas nicht in Ordnung war. Ich war damals ungefähr vier Monate alt. Sie beobachtete, daß mein Kopf jedesmal, wenn sie mich zu füttern versuchte, nach hinten zurückzufallen pflegte. Sie bemühte sich, dem dadurch abzuhelfen, daß sie ihre Hand unter mein Genick legte, um den Kopf in Ruhestellung zu halten. Aber sobald sie sie wegnahm, fiel er wieder zurück. Das war das erste Warnungszeichen. Dann, als ich älter wurde, nahm sie weitere Störungen wahr. Sie sah, daß meine Hände fast ununterbrochen zusammengepreßt waren und dazu neigten, sich hinter meinem Rücken zu umschlingen; mein Mund

konnte den Sauger der Flasche nicht festhalten, denn schon in jenem frühen Alter preßten sich meine Kiefer entweder fest aufeinander, so daß es nicht möglich war, sie zu öffnen, oder sie wurden plötzlich schlaff und hingen herab, wobei sie meinen ganzen Mund nach einer Seite verzogen. Mit sechs Monaten konnte ich nicht aufrecht sitzen, ohne einen Berg von Kissen um mich herum zu haben; mit zwölf Monaten war es genau das gleiche.
Meine Mutter war sehr beunruhigt darüber und teilte meinem Vater ihre Befürchtungen mit. Sie beschlossen, ohne weiteren Aufschub ärztlichen Rat einzuholen. Ich war etwas über ein Jahr alt, als sie begannen, mit mir in Krankenhäuser und Kliniken zu gehen, denn sie waren nun endgültig davon überzeugt, daß etwas bei mir nicht in Ordnung war, etwas, was sie weder verstehen noch mit Namen nennen konnten, was aber sehr real und beunruhigend war.
Fast alle Ärzte, die mich sahen und untersuchten, bezeichneten mich als einen sehr interessanten, aber auch hoffnungslosen Fall. Viele gaben meiner Mutter sehr behutsam zu verstehen, daß ich schwachsinnig sei und es auch bleiben würde. Das war für eine junge Mutter, die schon fünf gesunde Kinder aufgezogen hatte, ein harter Schlag. Die Ärzte waren sich ihrer Sache so sicher, daß der Glaube meiner Mutter an mich beinahe wie eine Frechheit wirkte. Sie bedeuteten ihr, daß nichts für mich getan werden könne. Sie weigerte sich, diese Wahrheit hinzunehmen, die – wie es damals schien – unabänderliche Wahrheit, daß es für mich keine Heilung, keine Rettung, nicht einmal Hoffnung gab. Sie konnte und wollte nicht glauben, daß ich, wie die Ärzte ihr sagten, geistesschwach sei. Es gab nichts in der Welt, an das sie sich hätte klammern können, kein Zipfelchen eines Beweises, um sie in ihrer Überzeugung zu bestärken, daß, wenn mein Körper auch verkrüppelt war, mein Geist es nicht war. Ungeachtet aller Äußerungen von Ärzten und Spezialisten wollte

sie es nicht wahrhaben. Ich glaube nicht, daß sie wußte, warum – sie wußte es einfach, ohne auch nur den geringsten Schatten eines Zweifels aufkommen zu lassen.
Als sie erkannte, daß die Ärzte in keiner Weise helfen konnten, daß sie ihr nur raten konnten, ihre Liebe nicht an mich zu verschwenden, mit anderen Worten, daß sie vergessen solle, daß ich ein menschliches Wesen sei und besser nur als ein Gegenstand betrachtet werde, den man füttern und waschen und dann wieder beiseiteschieben müsse, – als sie das erkannte, beschloß meine Mutter, ein für allemal die Zügel selber in die Hand zu nehmen. Ich war *ihr* Kind, und deshalb gehörte ich zur Familie. Gleichgültig, wie unempfänglich und unfähig ich mich beim Heranwachsen auch erweisen würde, sie war entschlossen, mich genau so zu behandeln wie die anderen und nicht wie den „Verrückten" im Hinterzimmer, von dem niemals gesprochen wird, wenn Besuch da ist.
Das war für mein zukünftiges Leben ein folgenschwerer Entschluß. Es bedeutete, daß ich immer meine Mutter auf meiner Seite haben würde, um mir all die Schlachten, die mir bevorstanden, schlagen zu helfen und mir neue Kraft zu verleihen, wenn ich an der Grenze meiner Kräfte angelangt war. Aber es war nicht leicht für sie, denn jetzt waren die Verwandten und Freunde anderer Meinung. Sie verlangten, daß ich zwar gütig, freundlich behandelt, aber nicht ernst genommen werden solle. Es sei falsch, mich ernstzunehmen. „Um deiner selbst willen", sagten sie, „beachte diesen Jungen nicht ebenso wie die anderen; es würde letzten Endes nur dein Herz zerreißen." Zu meinem Glück blieben Mutter und Vater allem zum Trotz standhaft, aber Mutter gab sich nicht damit zufrieden, bloß zu sagen, ich sei kein Idiot, sie wollte es beweisen, nicht aus eisernem Pflichtgefühl heraus, sondern aus Liebe. Und das ist der Grund, weshalb ihr Verhalten von Erfolg gekrönt wurde.

Zu jener Zeit mußte sie neben dem „schwierigen Kind" auch noch fünf andere Kinder betreuen, obwohl es bis jetzt noch keinesfalls ein volles Haus war. Da waren meine Brüder, Jim, Tony und Paddy, und meine beiden Schwestern, Lily und Mona, alle noch sehr jung, nur immer gerade etwa ein Jahr Altersunterschied zwischen ihnen, beinahe wie Orgelpfeifen.
Vier Jahre gingen dahin, ich war jetzt fünf Jahre alt und immer noch hilflos wie ein neugeborenes Kind. Während mein Vater arbeiten ging und durch Maurerarbeit unser täglich Brot verdiente, war Mutter damit beschäftigt, langsam, geduldig, einen Ziegel nach dem andern von der Mauer niederzureißen, die sich zwischen mich und die anderen Kinder zu schieben schien, – langsam, geduldig durchdrang sie den dicken Vorhang, der vor meiner Seele hing und sie von ihren Seelen trennte. Es war schwere, herzzerreißende Arbeit, denn oft empfing sie als Erwiderung von mir nichts weiter als nur ein unbestimmtes Lächeln und vielleicht ein schwaches Gurgeln. Ich konnte nicht sprechen oder auch nur murmeln, ich konnte nicht ohne Unterstützung aus eigener Kraft aufrecht sitzen oder allein Schritte machen. Aber ich war dabei nicht leblos oder bewegungslos. Im Gegenteil, ich schien von Bewegungen geschüttelt zu werden, von wilden, unaufhörlichen, ruckartigen Bewegungen, die mich niemals freigaben, außer im Schlaf. Meine Finger verdrehten sich und zuckten beständig, meine Arme wanden sich nach rückwärts, und oft schossen sie plötzlich in dieser oder jener Richtung heraus, mein Kopf hing schlaff herab und baumelte zur Seite. Ich war ein absonderlicher, krummer kleiner Kerl.
Mutter erzählte, wie sie eines Tages stundenlang mit mir in einem der oberen Räume gesessen habe. Sie habe mir Bilder aus einem großen, dicken Geschichtenbuch gezeigt, das ich letzte Weihnachten vom Nikolaus erhalten hatte, sie habe mir die Namen der verschiedenen Tiere und

Blumen, die darin abgebildet waren, gezeigt und vergeblich versucht, mich so weit zu bringen, daß ich sie wiederholte. Das war stundenlang so weitergegangen, sie sprach mit mir und lachte. Schließlich beugte sie sich über mich und sagte sanft in mein Ohr:
„Hat dir das gefallen, Chris? Haben die die Bären und die Affen und all die lieblichen Blumen gefallen? Nicke mit dem Kopf, sage ja, sei ein guter Junge."
Aber ich konnte kein Zeichen geben, um zu zeigen, daß ich sie verstanden hätte. Hoffnungsvoll war ihr Gesicht über das meine gebeugt. Plötzlich griff meine absonderliche Hand unwillkürlich nach oben und erfaßte eine der dunklen Locken, die in dichtem Gewirr in ihren Nacken fielen. Sanft löste sie die fest zusammengepreßten Finger, obwohl ein paar dunkle Strähnen noch von ihnen festgehalten wurden.
Da wandte sie sich von meinem merkwürdig erstaunten Blick ab und ging weinend aus dem Zimmer. Die Tür schloß sich hinter ihr. Alles schien hoffnungslos zu sein. Es sah aus, als sei die Behauptung meiner Verwandten, ich sei ein Idiot, dem nicht geholfen werden könne, berechtigt. Sie sprachen jetzt von einer Anstalt.
„Niemals!" sagte meine Mutter beinahe heftig, als man ihr diesen Vorschlag machte. „Ich weiß, daß mein Sohn kein Idiot ist. Sein Körper ist zerrüttet, nicht sein Geist. Dessen bin ich gewiß."
Gewiß? Innerlich jedoch betete sie zu Gott, er möge ihr einen Beweis für ihren Glauben geben. Sie wußte, daß Glauben eine Sache für sich, aber Beweisen ganz etwas anderes ist.
Ich war jetzt fünf Jahre alt, und immer noch zeigte ich nichts, was wirklich ein Anzeichen von Verstand hätte sein können. Ich zeigte kein sichtliches Interesse für irgendwelche Dinge mit Ausnahme meiner Zehen, – und zwar im besonderen für die Zehen meines linken Fußes. Obwohl ich in meinen natürlichen Verrichtungen sauber

war, konnte ich mir nicht selber helfen, aber in dieser Hinsicht sorgte mein Vater für mich. Ich pflegte die ganze Zeit in der Küche auf dem Rücken zu liegen oder an hellen, warmen Tagen draußen im Garten, ein kleines Bündel verzerrter Muskeln und verwickelter Nerven, im Kreise einer Familie, die mich liebte und für mich hoffte und die mich zu einem Bestandteil ihrer eigenen Wärme und Menschlichkeit machte. Ich war einsam, in einer mir eigenen Welt gefangen, unfähig, mit anderen in Verbindung zu treten, abgeschnitten, abgesondert von ihnen, als stünde eine gläserne Wand zwischen meinem und ihrem Dasein, die mich von ihrer Lebenssphäre und ihren Betätigungen ausschloß. Ich sehnte mich danach, umherzulaufen und mit den anderen zu spielen, aber ich war außerstande, meine Versklavung abzuschütteln.

Dann, plötzlich, geschah es! In einem Augenblick war alles verändert, mein zukünftiges Leben wurde in eine endgültige Form gegossen, meiner Mutter Glaube an mich fand seine Belohnung, und ihre heimliche Furcht verwandelte sich in offenen Triumph.

Es kam alles so schnell, so einfach nach all den Jahren des Wartens und der Ungewißheit, daß ich die ganze Szene noch so sehen und nachempfinden kann, als habe sie sich in der vorigen Woche abgespielt. Es war ein Nachmittag an einem kalten, grauen Dezembertag. Die Straßen draußen glitzerten im Schnee; die weißen funkelnden Flocken klebten an den Fensterscheiben und tauten auf, sie hingen an den Zweigen der Bäume wie geschmolzenes Silber. Der Wind heulte gräßlich, er peitschte kleine, wirbelnde Schneesäulen auf, die mit jedem neuen Windstoß in die Höhe stiegen und wieder zusammenfielen. Und über allem dehnte sich der trübe Himmel wie ein dunkler Baldachin aus, eine unendliche Weite von Grau.

Drinnen war die ganze Familie um das Küchenfeuer versammelt, das den kleinen Raum mit einer warmen Glut erhellte und riesenhafte Schatten auf den Wänden und an der Decke tanzen ließ.

In einer Ecke hockten Mona und Paddy mit ein paar zerfetzten Schulbüchern. Sie schrieben kleine Summen auf eine alte, abgebröckelte Schiefertafel, wobei sie ein Stück leuchtender, gelber Kreide benutzten. Ich saß dicht neben ihnen, mit ein paar Kissen saß ich gegen die Wand gelehnt und sah zu.

Die Kreide war es, die eine so große Anziehungskraft auf mich ausübte: ein langer, schmaler Stab von leuchtendem Gelb. Nie zuvor hatte ich etwas Ähnliches gesehen, und er hob sich so deutlich von der schwarzen Fläche des Schiefers ab, daß ich entzückt war, als sähe ich ein Stück Gold. Plötzlich verlangte ich verzweifelt danach, das zu tun, was meine Schwester tat. Dann – ohne zu denken oder genau zu wissen, was ich tat, streckte ich *meinen linken Fuß* aus und nahm das Stück Kreide aus der Hand meiner Schwester – *mit meinem linken Fuß*. Ich weiß nicht, warum ich meinen linken Fuß dazu benutzte. Es bleibt für viele Menschen ebenso wie für mich ein Rätsel, denn, wenn ich auch schon in frühem Alter ein merkwürdiges Interesse für meine Zehen gezeigt hatte, so hatte ich doch bisher niemals den Versuch gemacht, einen meiner Füße auf irgendeine Weise zu gebrauchen. Sie hätten genau so nutzlos für mich sein können wie meine Hände. An jenem Tag jedoch streckte sich mein linker Fuß offensichtlich aus eigener Willenskraft aus und entriß die Kreide sehr unhöflich der Hand meiner Schwester.

Ich hielt sie fest zwischen meinen Zehen, und, einem Impuls folgend, vollführte ich mit ihr ein wüstes Gekritzel auf der Schiefertafel. Im nächsten Moment hielt ich bestürzt, überrascht inne, ich blickte hinab auf das Stück gelber Kreide, das zwischen meinen Zehen steckte, und wußte nicht, was ich nun damit anfangen sollte, ich wußte kaum, wie es überhaupt dorthin gelangt war.

Dann blickte ich auf und wurde gewahr, daß alle zu sprechen aufgehört hatten und mich schweigend anstarrten. Niemand rührte sich. Mona, deren schwarze Locken ihr pauspäckiges Gesichtchen umrahmten, starrte mich mit großen weiten Augen und offenem Mund an. Gegenüber, neben dem Herdfeuer, das Gesicht von den Flammen beleuchtet, saß vornübergebeugt mein Vater, die Hände lagen auf seinen Knien, seine Schultern waren straff gespannt. Ich fühlte den Schweiß auf meiner Stirn ausbrechen.

Meine Mutter kam mit einem dampfenden Topf aus der Kammer. Sie blieb auf halbem Wege zwischen Tisch und Herdfeuer stehen, sie spürte die Spannung, die über dem Raum lag. Sie folgte dem Blick der anderen und sah mich in der Ecke. Ihre Augen blickten von meinem Gesicht hin zu meinem Fuß, der die Kreide zwischen den Zehen hielt. Sie setzte den Topf ab. Dann kam sie zu mir herüber und kniete neben mir nieder, wie sie es früher so oft getan hatte. „Ich werde dir zeigen, was du damit anfangen kannst, Chris“, sagte sie sehr langsam und in einer seltsamen, abgehackten Sprache, ihr Gesicht war wie von innerer Erregung gerötet. Sie ergriff ein neues Stück Kreide von Mona, zögerte und schrieb dann sehr bedächtig auf den Fußboden vor mir den einzelnen Buchstaben „A“. „Mach das nach“, sagte sie, während sie mich fest anblickte.

„Schreib es nach, Christy.“ Ich konnte es nicht.

Ich blickte um mich, ich sah die Gesichter rings um mich her, die mir zugewandt waren, gespannte, erregte Gesichter, die in diesem Augenblick erstarrt, unbeweglich, begierig waren und auf die Offenbarung eines Wunders in ihrem Kreise warteten.

Es herrschte tiefe Stille. Der Raum war erfüllt von Feuer und Schatten, die vor meinen Augen tanzten und meine angespannten Nerven in eine Art wachen Schlafes lullten. Ich konnte den Klang des tropfenden Wasserhahns in der Kammer hören, das laute Ticken der Uhr auf dem Kaminsims und das leise Zischen und Knistern der Holzscheite auf dem offenen Herd.

Ich versuchte es noch einmal. Ich streckte meinen Fuß aus und machte einen wilden ruckartigen Stoß mit der Kreide, der eine sehr krumme Linie hervorbrachte und weiter nichts. Mutter hielt die Schiefertafel für mich fest.

„Versuch es noch einmal, Chris“, flüsterte sie in mein Ohr. „Noch einmal.“

Ich tat es. Ich straffte meinen Körper und streckte meinen linken Fuß zum drittenmal aus. Ich zeichnete eine Seite des Buchstabens. Ich zeichnete die andere Seite zur Hälfte. Dann brach das Stück Kreide ab, und mir verblieb nur ein Stummel. Ich wollte ihn fortwerfen und aufgeben. Dann fühlte ich die Hand meiner Mutter auf meiner Schulter. Ich versuchte es noch einmal. Mein Fuß streckte sich. Ich zitterte, ich schwitzte und spannte jeden Muskel. Meine Hände waren so fest zusammengepreßt, daß die Fingernägel ins Fleisch schnitten. Ich biß meine Zähne so fest aufeinander, da sie beinahe meine Unterlippe durchbohrt hätten. Alles im Zimmer verschwamm, bis die Gesichter um mich herum nur noch weiße Flecken waren. Aber – ich schrieb ihn – *den Buchstaben* „A“. Da stand er auf dem Fußboden vor mir. Zitterig, mit plumpen wackeligen Seitenlinien und einer sehr ungeraden Mittellinie. Aber es *war* der Buchstabe „A“. Ich blickte auf. Ich sah einen Augenblick lang das Gesicht meiner Mutter, Tränen auf ihren Wangen. Dann bückte sich mein Vater und hob mich auf seine Schulter.

Ich hatte es geschafft! Dies war der Anfang, er sollte es meinem Geist ermöglichen, sich Ausdruck zu verleihen. Es ist wahr, ich konnte nicht mit meinen Lippen sprechen, aber jetzt wollte ich durch etwas sprechen, was länger währte als das gesprochene Wort – das geschriebene Wort. Jener eine Buchstabe, mit einem zerbrochenen Stück gelber Kreide, die zwischen meine Zehen geklemmt war, auf den Fußboden gekritzelt, war mein Weg in eine neue Welt, mein Schlüssel zu geistiger Freiheit. Es sollte eine Quelle der Entspannung für das verkrampfte, steife Etwas werden, das ich war, das hinter einem schiefen Mund nach Ausdrucksfähigkeit lechzte.

M–U–T–T–E–R

Nachdem sie mich gelehrt hatte, mit meinem Fuß den Buchstaben „A“ zu schreiben, machte meine Mutter es sich zur Aufgabe, mir auf ungefähr die gleiche Weise das ganze Alphabet beizubringen. Sie war entschlossen, die ihr auf so wunderbare Weise dargebotene Gelegenheit wahrzunehmen. Sie wollte mir dazu verhelfen, mich mit den anderen verständigen zu können, wenn es nicht durch das gesprochene Wort sein konnte, so doch wenigstens durch das geschriebene Wort.

Ich habe eine ganz deutliche Erinnerung daran, wie sie zu Werke ging. Jeden Tag, an dem sie nicht zu viel mit dem Haushalt zu tun hatte, brachte sie mich in das vordere Schlafzimmer hinauf und verbrachte ganze Stunden damit, mich nacheinander jeden einzelnen Buchstaben lernen zu lassen. Mit einem Stück Kreide schrieb sie jeden Buchstaben auf den Fußboden. Dann wischte sie die Buchstaben mit einem Lappen ab, und ich mußte sie mit der zwischen meinen Zehen festgehaltenen Kreide aus dem Gedächtnis noch einmal niederschreiben. Es bedeutete für uns beide schwere Arbeit. Oft war sie unten in der Küche und bereitete das Mittagessen, wenn ich einen heulenden Laut von mir gab, damit sie heraufkäme, um zu sehen, ob ich ein Wort richtig zusammengestellt hatte. Wenn ich einen Fehler gemacht hatte, ließ ich sie niederknien; ihre Hände waren noch mit Mehl bedeckt, und so mußte sie mir zeigen, wie man es richtig machte. Ich erinnere mich, daß ich zuerst meine eigenen Anfangsbuchstaben zu schreiben lernte: „C. B.“, obwohl ich oft irre wurde und das „B“ vor das „C“ setzte. Immer, wenn mich jemand nach meinem Namen fragte, ergriff ich hastig ein Stück Kreide und schrieb „C. B.“, mit einem großen Schnörkel.

Bald danach lernte ich, anstatt nur zweier Initialen meinen vollen Namen zu schreiben. Ich war ungeheuer stolz auf mich, als ich das konnte. Ich fühlte mich ganz wichtig. Ich ging nun schon auf mein sechstes Jahr zu und wurde es bald müde, immer nur meinen eigenen Namen zu schreiben. Ich hatte das Verlangen, mehr zu leisten – etwas Wichtigeres. Aber ich war nicht dazu imstande, weil ich nicht lesen konnte. Ich wußte nicht einmal genau, was Lesenkönnen bedeutete. Ich wußte nur, daß Jim lesen konnte, daß Mona und Peter es konnten, und deshalb wollte ich es auch können. Ich glaube, ich war neidisch.

Langsam, sehr mühsam ackerte ich mit meiner Mutter alle sechsundzwanzig Buchstaben durch und beherrschte allmählich jeden einzelnen in richtiger Reihenfolge. Etwas machte meiner Mutter zu jener Zeit neuen Mut: meine Fähigkeit, zuzuhören und aufmerksam zu beobachten, wenn sie neben mir saß und mich unterrichtete. Meine Aufmerksamkeit erlahmte selten.

Ich erinnere mich noch, wie wir an einem Winterabend in dem großen, roßhaargepolsterten Armstuhl vor einem offenen Feuer saßen. Der Säugling schlief im Kinderwagen auf der anderen Seite des Herdes. Wir beide waren in der matt beleuchteten Küche allein, mein Vater war zu einer Maurerversammlung gegangen, und meine Geschwister spielten draußen auf der Straße. Meine Mutter hielt Peters Schulbuch in der Hand und las kleine Geschichten vor von den armen Kindern Lirs, die von ihrer bösen Stiefmutter in Schwäne verwandelt wurden, sie las von Diarmud und Graine und dem König, der alles, was er berührte, zu Gold machte. Sie las mir weiter vor, bis die Schatten das Zimmer in Dunkel tauchten und der kleine Eamonn sich rührte und im Schlaf weinte. Dann stand sie auf und drehte das Licht an. Der Bann war gebrochen und die Verzauberung geschwunden. Die Kenntnis des Alphabets bedeutete, daß die Schlacht zur Hälfte gewonnen war, denn bald war ich imstande, Buchstaben aneinanderzureihen und kleine Wörter zu bilden. Nach kurzer Zeit begann ich zu verstehen, wie man Wörter zusammenfügt und Sätze bildet. Ich machte Fortschritte. Aber es war nicht so leicht oder so einfach, wie es klingt. Mutter mußte jetzt außer mir sieben weitere Kinder versorgen. Zum Glück hatte sie einen echten Verbündeten in meiner Schwester Lily, oder „Titch“, wie die andern sie nannten. Sie war die Älteste und das Mütterchen der Kinderschar, ein kleines, robustes Mädchen mit wallenden schwarzen Locken und blitzenden Augen. Sie konnte sehr sanft sein, wenn sie wollte – ein richtiger kleiner Engel. Aber sie war nicht sehr engelsgleich, wenn sie sich ärgern mußte. Sie erkannte die schwierige Lage meiner Mutter schneller, als eine Erwachsene sie erkannt hätte, und handelte dementsprechend. Sie bemühte sich mit großem Eifer um die anderen Kinder, so daß Mutter mir mehr Zeit widmen konnte. Sie kochte, sie wusch und kleidete die kleineren Geschwister und achtete darauf, daß die größeren sich jeden Morgen, bevor sie zur Schule gingen, hinter den Ohren wuschen. Vielleicht war sie eine Spur zu eifrig, denn oft schlichen Jim oder Tony mit beschämten Gesichtern in die Küche als lebendiger Beweis für die strenge Zucht des Hausmütterchens Lily: mit geschwollenen Ohren oder einem blauen Auge.

Ich konnte immer noch nicht deutlich sprechen, aber ich hatte mir jetzt eine Art grunzender Sprache angeeignet, welche die Familie mehr oder weniger gut verstand.

Wenn immer ich in Schwierigkeiten geriet und sie nicht verstehen konnten, was ich sagte, zeigte ich auf den Fußboden und schrieb dort die Worte mit meinem linken

Fuß nieder. Wenn ich nicht wußte, wie die Worte, die ich schreiben wollte, geschrieben wurden, geriet ich in Wut und grunzte infolgedessen nur noch unzusammenhängender.

Obgleich ich im Alter von sieben Jahren noch nicht viel sprechen konnte, war ich jetzt doch imstande, allein aufrecht zu sitzen und auf meinem Hinterteil auf dem Boden hin und her zu kriechen, ohne mir ein paar Knochen zu brechen oder Mutters Porzellan zu zertrümmern. Ich trug weder Schuhe noch andere Fußbekleidung. Meine Mutter hatte versucht, mich daran zu gewöhnen, schon frühzeitig meine Füße zu bekleiden. Sie sagte, barfuß sähe ich sehr verwahrlost aus. Aber jedesmal, wenn sie etwas über meine Füße zog, schleuderte ich es schleunigst fort. Ich haßte es, bekleidete Füße zu haben. Wenn Mutter Schuhe oder Strümpfe über meine Füße zog, war mir so zumute wie normalen Menschen, denen man die Hände auf dem Rücken gefesselt hat.

Im Laufe der Zeit begann ich, mich in jeder Beziehung mehr und mehr auf meinen linken Fuß zu verlassen. Er war mein einziger Vermittler, um mich der Familie verständlich zu machen. Er wurde mir ganz langsam unentbehrlich. Ich lernte, wie ich mit seiner Hilfe einige der Schranken, die hindernd zwischen mir und den anderen daheim standen, niederreißen konnte. Er war der einzige Schlüssel zur Tür des Gefängnisses, in dem ich mich befand.

Es war mir zur Gewohnheit geworden, wenn ich etwas auf den Fußboden geschrieben hatte, darauf zu spucken. Ich rieb es dann mit meiner Hacke ab und schrieb es aus dem Gedächtnis noch einmal nieder, wie ich es getan hatte, als Mutter mich unterrichtete. Eines Tages, als ich ungefähr sechseinhalb Jahre alt war, kam ein Arzt des Ortes zu meinem Bruder, der sich das Handgelenk beim Rugbyspiel verstaucht hatte. Als der Arzt wieder herunterkam, sah er mich mit einem Stück Kreide zwischen meinen Zehen auf dem Fußboden schreiben. Er wollte es gar nicht glauben. Er begann, Mutter über mich auszufragen, und, weil sie bestrebt war, ihm zu zeigen, daß ich alles Gesagte verstand, setzte sie mich auf den Tisch und forderte ihn auf, mich zu bitten, etwas zu schreiben. Er dachte einen Augenblick nach, dann zog er sein großes Hauptbuch aus seiner Tasche, reichte mir einen großen roten Bleistift und bat mich, meinen Namen in das Buch zu schreiben.

Ich ergriff den Bleistift mit meinen Zehen, zog das Buch zu mir heran, reckte mich und schrieb langsam meinen Namen in großen Blockschrift-Majuskeln auf das Vorsatzblatt.

„Verblüffend! Ich bin aufs höchste erstaunt, Mrs. Brown. Das ist ja wirklich –" begann er. Dann hielt er überrascht inne, und Mutter wurde vor Verlegenheit rot, denn nach kurzem Zögern hatte ich sehr bedächtig auf das Blatt gespuckt und versuchte nun mit aller Kraft, das soeben Geschriebene wegzureiben. Ich begriff gar nicht, warum die mit Rotstift geschriebenen Buchstaben nicht so leicht abgehen wollten wie die mit Kreide geschriebenen!

Der Arzt tat die Entschuldigungen meiner Mutter mit einem Lachen ab, tätschelte meinen Kopf und sagte, ich sei ein prächtiger Kerl. Späterhin besuchte er mich oft und verfolgte meine Fortschritte viele Jahre lang sehr interessiert.

Inzwischen wurde die Familie immer größer. Die Orgelpfeifen rückten höher und höher. Auch ich wuchs heran. Mein Körper nahm zu an Umfang und Größe, mein Geist desgleichen. Mutter meinte, ich sei jetzt über das Stadium des ABC-Schützen hinausgewachsen, und auch ihre Lehrfähigkeit reiche eigentlich nicht mehr aus. Es genügte mir nicht mehr, nur einfach dazusitzen und zuzuhören, während Mutter mir laut vorlas. Es ließ mir keine Ruhe, ich wollte selber lesen können, genau so wie

Peter oder Mona. Ich war auch begierig, ihnen zu zeigen, daß ich das, was sie konnten, auch tun konnte. Ich fing jetzt an, anstatt der Kreide einen Bleistift zu benutzen, wenn ich mich auch niemals an eine Schreibfeder gewöhnen konnte. Einmal versuchte ich, meinen Namen mit dem besten Füllfederhalter meines Vaters zu schreiben, während einige Nachbarn erwartungsvoll dabeistanden. Aber Mutter wurde ganz verlegen, denn ich warf die Feder angewidert fort, als ich erkannte, daß sie zu nichts anderem nutze war, als jedesmal, wenn ich mit ihr zu schreiben versuchte, im Papier steckenzubleiben.
Meine Mutter wußte, daß es unmöglich war, mich wie die anderen zur Schule zu schicken; deshalb grübelte sie darüber nach, wie sie mir in dieser Beziehung am besten helfen könne. Sie war jetzt zwar völlig beruhigt darüber, daß mein Geisteszustand ganz normal war, aber sie fürchtete doch sehr, ich könnte heranwachsen, ohne Bildung genossen zu haben, wodurch ich sowohl geistig als auch körperlich sehr benachteiligt sein würde. Diese Sorge erfüllte sie beinahe unablässig. Sie bereitete ihr Qual. Nicht etwa, daß sie sich angesichts der Tatsache, einen ungebildeten und dazu noch verkrüppelten Sohn zu haben, schämte. Sie dachte einzig und allein an den materiellen Nachteil, den das für mich bedeuten würde, wenn ich älter wäre. Sie wollte vor allem, daß ich in jeder nur möglichen Weise meinen Geschwistern gleichgestellt wäre, und da ich nun einmal nicht zur Schule gehen konnte, tat sie alles, was sie vermochte, um von sich aus die Folgen einer solchen Benachteiligung zu vermindern. Aber sie konnte nicht jeden Tag dafür sorgen, denn sie hatte bereits alle Hände voll zu tun, um uns alle durch Zeiten von Arbeitslosigkeit, durch Krankheiten und viele andere Nöte hindurchzusteuern. Es gab Zeiten, da es ihr schwerfiel zu lächeln, wenn es ihr auch immer wieder auf die eine oder andere Weise gelang. Wenn Mutter zu tun hatte, arbeitete ich allein weiter,

immer wieder versuchend, neue Wörter zu erlernen, wann immer ich ihnen begegnete. Ich pflegte es mit den Namen der Gegenstände im Hause um mich herum zu probieren, ich versuchte, sie zu buchstabieren, wie zum Beispiel Feuer, Bild, Hund, Tür, Stuhl und so weiter. Ich war sehr stolz auf mich, wenn ich ein neues Wort bewältigt hatte und es für Mutter niederschreiben konnte, um ihr zu zeigen, was für ein großartiger Schüler ich war. Eines Tages hatte ich besonders mühsam versucht, ein neues Wort zu erfassen, auf das ich in Peters Schulbuch gestoßen war. Endlich hatte ich es herausbekommen und drehte mich zur Mutter um, die in einem Stuhl neben dem Feuer saß und meinen kleinen Bruder stillte. Es war Abend, das verblassende Aprillicht zeichnete ein Muster auf den Fußboden und schien auf die glänzende Platte des kleinen Mahagonitischs, so daß der Sprung, der in einer Zickzack-Linie durch seine Oberfläche lief, deutlich wurde, und alle anderen waren oben mit einem Schulspiel beschäftigt. Ich saß in einer Sofaecke zusammengekauert, Peters Buch vor mir und einen Bleistift in meinem linken Fuß. Mehrmals am Tage hatte ich hilfesuchend nach dort hinübergeschaut, wo Mutter saß, verzweifelt bemüht, dieses Wort allein herauszufinden. Aber als ich sie leise im Stuhl schaukeln sah, den Säugling fest an ihre Brust gedrückt, hatte ich mein Gesicht wieder abgewandt, weil ich auf unbestimmte Art fühlte, daß ich so oder so dieses eine Wort allein, ohne die Hilfe meiner Mutter, herausfinden mußte. Wenige Minuten später stieß ich ein Triumphgeschrei aus, von dem Mutter aufgescheucht wurde, der Säugling in ihren Armen wurde unruhig und rührte sich.

„Was gibt's Chris?“ fragte sie. „Du wirst noch das Baby aufwecken.“

Aber das kümmerte mich nicht. Auf meine mir eigene wunderliche, grunzende Art bat ich sie, sofort zu mir zu kommen.

„Ein neues Wort, nicht wahr?“ sagte sie, als sie herüberkam und sich mit dem in ihren Armen schlafenden Baby auf den Rand des Sofas setzte.

Ich grinste, und, den Bleistift aufnehmend, schrieb ich das Wort nieder, an dem ich so lange herumgerätselt hatte. Als es fertig war, blickte ich Beifall heischend zu ihrem Gesicht auf und sah, daß sie schweigend auf das von mir auf den Rand des Blattes Geschriebene starrte. Sie verweilte so lange still und gedankenverloren, daß ich ungeduldig wurde und sie leise mit meinem Fuß schubste. Sie wandte sich um, legte ihre Hand auf mich und lächelte. Das neue Wort, das ich zum erstenmal zu schreiben gelernt hatte, war – Mutter.

„Zu Hause"

Ich war jetzt sieben Jahre alt und fing an, mich mit Hilfe meiner Brüder anderen Kindern meines Alters anzuschließen. Sie nahmen mich mit, wenn sie nach Schulschluß auf die Straße gingen, um zu spielen. Sie fuhren mich dann in einem alten verrosteten Sportwagen, den sie meine „Staatskarosse" nannten. So spielten sich einige der schönsten Jahre meines Lebens in dieser verbeulten alten Kruke mit dem verbogenen Griff und den schiefen Rädern ab. Die Räder quietschten und ächzten, wenn meine Brüder mit mir durch die von Laternen beleuchteten Straßen und abwärts durch dunkle und düstere Alleen in dem hellen, warmen Zwielicht eines Juniabends oder im kalten Grau einer Dezembernacht rasten. Sehr bald hatte auch ich Spielkameraden, mit denen ich viel Spaß trieb. Es waren Jungens aus unserer Nachbarschaft, die jung und unbeschwert genug waren, um mich, ohne viel Fragen zu stellen, als einen der ihren anzusehen. Sie waren mit mir zusammen aufgewachsen, und für sie war es in gewissem Sinne leichter, mit mir umzugehen als für Jungen, die mich noch niemals gesehen hatten oder niemals vorher mit mir zusammengewesen waren. Manche von ihnen sahen in meinem Mißgeschick sogar so etwas wie ein merkwürdiges Symbol für Überlegenheit, beinahe für Göttlichkeit, so daß sie mir auf eine besondere kindliche Art mit Ehrerbietung, mit Hochachtung begegneten.

Ich hatte jetzt so weit Fortschritte gemacht, daß ich in der Staatskarosse aufrecht sitzen konnte und keine Kissen mehr im Rücken brauchte, um mich zu stützen. Auf solchen Fahrten wurde ich oft umgeworfen. Wenn der Wagen kippte, weil man ihn in unverminderter Geschwindigkeit um eine Wegbiegung stieß, rollte ich unter allgemeinem Jubel und Geschrei heraus. Aber in dieser Beziehung wurde ich allmählich ziemlich unempfindlich und eignete mir eine gewisse Geschicklichkeit an, so zu fallen, daß ich sogar bei einem bösen Fall nicht mehr Schaden davontrug als höchstens eine Beule oder hin und wieder ein paar Schrammen. All dies war für mich ungeheuer abenteuerlich.

In unserem Hause war das Essen von großer Wichtigkeit. Für uns Kinder konnten die Mahlzeiten nie früh genug kommen. Wir alle warteten geduldig, bis Mutter den Tisch deckte. Dann traten wir im Gänsemarsch an, ich zappelte auf meinem Hinterteil zwischen ihnen herum, und meistens brachte ich es fertig, als erster anzukommen, indem ich mich über einen Stuhl warf, um zu zeigen, daß er belegt sei, bis einer von den Größeren mich dann auf ihn setzte. Darauf begann die Schlacht – es galt zu beweisen, wer von uns die übrigen im Essen überbieten würde. Um das Trinken kümmerten wir uns bei dieser Prozedur nur wenig. Der Hauptzweck war, uns soviel Brot und Butter einzuverleiben, als wir nur irgend bewältigen konnten, ohne direkt zu platzen. Ich konnte mir natürlich nicht selber Nahrung zuführen, aber das hinderte mich nicht daran, mich an solchen Wettessen sehr lebhaft zu beteiligen. Meine Mutter oder der Vater saßen neben mir und fütterten mich. Ihre Hände wurden oft

müde von der einfachen Betätigung, das Brot aufzuheben und es in meinen Mund zu stecken.
„Man könnte genauso gut versuchen, den Liffey vollzugießen!“ pflegte mein Vater sich zu beklagen, wenn er zum siebenten oder achten Mal in die Brotschüssel griff. Wir alle versuchten, den anderen aus dem Feld zu schlagen, und jeder einzelne von uns gereichte unserem Hause zur Ehre, aber Peter gewann immer. Wenn Mutter sagte, „Wie viele?“, riefen wir immer alle zusammen, „Drei Stullen“.
Wenn wir nach dem Tee nicht draußen spielen wollten, schlossen wir uns zusammen und spielten im Hause Verstecken oder auch blinde Kuh. Bei solchen Gelegenheiten pflegte der Vater, sobald er sah, was bevorstand, schleunigst von seinem Stuhl aufzustehen, den Hut aufzusetzen und, wenn er zur Türe hinausging, zur Mutter zu sagen: „Ich komme zurück, wenn alle im Bett sind!“
Man warf eine Kupfermünze auf den Boden, und es wurde laut gerufen: „Kopf oder Wappen?“, um zu bestimmen, wer von uns die „Blinde Kuh“ sein sollte. Einer bekam dann einen alten Schal oder einen wollenen Strumpf, mit welchem dem jeweils Ausgewählten die Augen verbunden, wurden und nun konnte das Spiel beginnen. Alle rannten um den, dessen Augen verbunden waren, herum, man lachte, während er blind danach trachtete, einen schlenkernden Arm oder ein zappelndes Bein zu erwischen, und der Blinde wurde während der ganzen Zeit mit „wohlwollenden“ Klapsen und Schubsen im Zimmer herumgestoßen. Er war kein sehr sanftes Spiel.
Manchmal fiel die Rolle der „Blinden Kuh“ mir zu. Sie banden einen Schal um meine Augen, warteten eine Sekunde, bis alle einen Platz gefunden hatten, und dann riefen sie: „Fertig!“
Ich machte eine Pause und wartete darauf, das leiseste Geräusch eines verhaltenen Atems oder eines Kicherns

zu erhaschen, das mir angeben könnte, wo sich jemand versteckte. Darauf kroch ich sehr vorsichtig in Richtung dieses Geräuschs, schob mich auf meinem Hinterteil weiter, bis ich die betreffende Stelle erreicht hatte. Dann schleuderte ich meinen linken Fuß heraus und straffte die Zehen, um Peters Hosenbein oder Monas Rocksaum zu erhaschen. Wenn ich jemanden einfing, zog ich ihn zu mir heran und umschlang ihn mit meinen Beinen, bis der Gefangene zu schreien anfing, oder, häufiger noch, keuchte: „ich – gebe auf!“ Dann ließ ich ihn frei, die Augenbinde wurde von meinen Augen genommen und an ihn weitergegeben.

Einmal zu Allerheiligen – ich mochte ungefähr acht Jahre alt sein – brachten wir einige von unseren Spielkameraden mit, um ein kleines Fest zu veranstalten, während Vater und Mutter ausgegangen waren. An jenem Abend hatten wir das ganze Haus für uns allein, und das war auch nötig, denn wir waren eine beträchtliche Anzahl von Kindern. Meine drei Schwestern hatten ebenfalls einige Freundinnen mitgebracht, so daß wir sieben Mädchen und ungefähr die doppelte Anzahl Jungens waren, alle in gespenstischen Kostümen und mit furchteinflößenden Masken. Äpfel und Nüsse und alles andere waren schnell vertilgt. Dann spielten wir Verstecken. Ich wollte es besonders schlau anstellen, denn ich hatte zufällig gehört, wie eines der Mädchen, ein plumpes kleines Geschöpf von zwölf Jahren namens Sally, mit roten Backen und einer Masse bräunlicher Locken, zu Mona sagte, sie wolle sich in dem großen Waschtrog in der Kammer verstecken, wo niemand auch nur im Traum daran denken würde, nachzuschauen. Alle würden vermuten, er sei mit Wasser gefüllt, was gewöhnlich ja auch der Fall war. An jenem Abend war der Waschtrog jedoch leer, und Sally war überzeugt, das ideale Versteck gefunden zu haben.

Ich kroch, so schnell ich nur konnte, ehe Sally hineinkam, in die dunkle Kammer und verbarg mich dicht unter der großen Emaillewanne. Dort lag allerhand alter Plunder aufbewahrt, alte Stiefel, Kleider, Bierflaschen und so weiter, und jedesmal, wenn ich mich bewegte, bohrte sich die Spitze eines alten Schirms in meine Rippen. Aber ich überwand mich und hielt durch, und ein paar Minuten später hörte ich jemanden in die Kammer kommen und auf die Wanne zugehen. Ich wagte einen verstohlenen Blick, und in dem Lichtschimmer, der durch den Türschlitz aus der Küche hereinfiel, sah ich die untere Hälfte von zwei dünnen weißen Beinen mit Sandalen an den Füßen. Ich wußte, es war Sally.

Ich hörte sie in die Wanne klettern, aber sie zog den Deckel nicht zu, wie ich angenommen hatte, und ich dachte, wie töricht sie doch sei, denn wenn jemand hereinkäme, würde sie selbst im Dunkeln leicht zu sehen sein, denn sie trug einen weißen, seidenen Rock.

Ein paar Minuten später kam jemand herein, und am Klang der mit Nägeln beschlagenen Schuhe auf dem Zementboden erkannte ich, daß es einer der Jungen war. Darauf hatte ich gewartet, und mein Plan war gewesen, loszuschreien, so daß man hineinkommen und Sally einfangen würde, ehe sie Zeit hätte zu entwischen. Ich zog den Atem ein und wollte gerade schreien, aber im nächsten Augenblick schritten die Nagelstiefel zur Wanne hinüber, und eine Stimme, die ich als die Stimme Charlies, eines unseres Spielgefährten, erkannte, sprach flüsternd: „Sally – bist du da?“

„Charlie? Ja, ich warte.“ Sally hatte sofort geantwortet. Dann fügte sie vorsichtig hinzu: „Mach keinen Lärm.“

„Tu ich nicht“, sagte er. Dann zog er sich über den Rand der Wanne hinauf und ließ sich hineinfallen. Als nächstes vernahm ich, wie der Deckel über den beiden geschlossen wurde.

Ich kroch aus meinem Versteck hervor, fühlte, daß mein Hals steif geworden war, und saß lauschend neben der Wanne. Aus ihr drangen Laute von Kichern und erstick-tem Lachen. Ich kroch näher heran und legte mein Ohr an die Stelle, wo der Deckel einen Spalt hatte und einen Zwischenraum von ungefähr zwei Zoll freiließ. Jetzt konnte ich alles deutlich verstehen.

„Liebst du mich?“ hörte ich Sally fragen, worauf ein Kichern folgte.

„... türlich“, antwortete Charlie prosaisch, und hierauf wiederum folgte das Geräusch eines sehr lauten Kusses. Ich wandte mich empört ab, weil ich die Überzeugung gewonnen hatte, daß Charlie unmännlich war, weil er lieber bei einem Mädchen blieb als bei den anderen Jungen. Ich war gerade im Begriff, zur Tür zurückzukriechen, als mir etwas einfiel.

Ich lächelte im stillen in der Dunkelheit, als ich zur Wanne zurückkroch. So geräuschlos wie möglich zog ich mich an ihrer Seitenwand hoch und reckte mich so weit, wie ich nur konnte, bis zu der Stelle hinüber, wo die beiden Wasserhähne sich befanden, die in die Wanne führten. Ich verursachte etwas Lärm, aber die beiden da drinnen schienen viel zu sehr mit sich selbst beschäftigt zu sein, als daß sie es hörten.

Ich konnte meine Hände nicht gebrauchen, und in der Lage, in der ich mich befand, konnte ich auch meine Füße nicht gebrauchen. So reckte ich mich weiter nach vorn, und, meine Stirn gegen einen der Wasserhähne pressend, drehte ich den Griff langsam mit meinem Kopf um, obgleich das ganz gehörig wehtat. Im nächsten Augenblick war der Hahn völlig geöffnet, das Wasser stürzte heraus und in die Wanne hinein.

Ich ließ mich herab und begab mich zur Tür hin, so schnell kriechend wie eine Spinne. Hinter mir hörte ich, wie der Deckel der Wanne aufgestoßen wurde, und die arme Sally schrie „Mammy, Mammy!“, als sie und Charlie auf den Fußboden hinauskletterten. Ich schlüpfte gerade noch zur rechten Zeit durch die Tür und in die Küche, ehe sich einer von ihnen das Wasser aus den Augen gerieben hatte. Nach diesem Vorfall betraten weder Sally noch Charlie jemals wieder unser Haus.

Weihnachten war bei uns immer eine fröhliche Zeit, sogar dann, wenn wir nicht viel zum Feiern hatten. Wenn auch noch so wenig Geld im Hause war, St. Nikolaus kam trotzdem immer mit kleinen Gaben, die in viel lustigem bunten Papier verpackt waren, – um ihnen ein üppiges und aufregendes Aussehen zu verleihen. Wir mußten oft Papierbogen auf Papierbogen auseinanderfalten, ehe wir das kleine Spielzeug im Innern entdeckten, billige, einfache kleine Dinge, die in billigen, einfachen kleinen Läden gekauft worden waren, in Läden, die in Seitenstraßen und muffigen Winkeln von Dublin versteckt lagen, von denen niemand vorher je etwas gehört hatte. Aber wenn sie am Weihnachtsmorgen auf unseren Kopfkissen lagen, bedeuteten diese Geschenke für uns mehr als die teuersten Eisenbahnen oder Spielzeugautos.

Am Abend zuvor wurden alle Kinder außer mir früh zu Bett gebracht. Mutter hatte es möglich gemacht, ein Radio anzuschaffen, indem sie wöchentlich eine halbe Krone dafür zahlte. Weil ich nicht wie die anderen zur Messe gehen konnte, durfte ich an jedem Heiligen Abend aufbleiben, um die Mitternachtsmesse zu hören, die von den Patern des Heiligen Geists in Kimmage Manor gesendet wurde. Mutter hatte mich beten gelehrt, und ich konnte jetzt, wenn ich die Messe im Radio hörte, ein wenig folgen, aber ich verstand nicht alles, was der Geistliche sagte, besonders nicht, wenn er in dieser komischen Sprache sprach, von der mein Vater mir sagte, daß es Latein sei. Ich fragte mich oft, warum wohl der Priester alle seine Gebete in lateinischer Sprache sprach. Peter sagte, er tue es deshalb, weil alle Heiligen nur Lateinisch sprächen und Gott Englisch nicht verstehe.

Als ich älter wurde, versuchte Mutter eifrig, mich für biblische Geschichten zu interessieren, aber nichts vermochte mich so stark zu fesseln wie die Sage vom König Lir und seinen Schwanenkindern. Als Mutter mir erzählte, wie Gott die Welt in sieben Tagen erschaffen habe, nahm ich das, ohne viel zu fragen, als gegebene Tatsache hin. Aber als sie mir die Sage von Lir erzählte, muß ich Dutzende von Fragen gestellt haben, wie es möglich sei, daß die Kinder in Schwäne verwandelt wurden, und warum ihre Stiefmutter es getan habe und so weiter. Ich dachte, es sei überhaupt eine viel bessere Geschichte. Als Tony mir erzählte, alles in der Welt habe Gott erbaut, beschimpfte ich ihn, er sei ein unverschämter Lügner, denn ich hatte Vater sagen hören, nur Maurer könnten Häuser bauen, und ich wußte, daß Gott kein Maurer war.

Tony war ein wilder Junge. Er hatte fortwährend Scherereien zu Hause und draußen. Er war ein bißchen so etwas wie ein Romeo. Alle Mädchen in der Nachbarschaft waren hinter ihm her, obgleich er sich überhaupt nichts aus ihnen machte, nicht einmal für Nancy interessierte er sich, die allgemein als die anerkannte Schönheit unserer Gegend galt. Er war der hübscheste von uns allen, ein großer, blaßgesichtiger junger Bursche, sehr stark, sehr leicht aufbrausend, mit lockigem schwarzem Haar, großen Händen und weißen Zähnen, die aufleuchteten, wenn er lächelte oder lachte. Jeder zu Hause empfand eine gewisse scheue Ehrfurcht vor ihm, und ich machte ihn zu meinem ersten Helden.

Ich half ihm einmal aus einer argen Klemme. Ich ging auf mein achtes Jahr zu, und Tony war ungefähr dreizehn Jahre alt. Er und ein Kamerad hatten sich wegen irgendeiner Sache überworfen, und nun verprügelten sie einander so lange, bis Tony seinen Partner überwältigt hatte. Dann petzte jemand darüber zu Vater, Tony bezog eine tüchtige Tracht Prügel und wurde eine Woche lang ins hintere Schlafzimmer eingesperrt.

Der nächste Abend war Allerheiligen. Die ganze „Bande" hatte Geld gespart, um Feuerwerkskörper zu kaufen, und mein Vater ließ sich nicht erweichen. Tony mußte zu Hause bleiben und „seine Lektion lernen". Und dabei blieb es. Der arme Tony war verzweifelt. Keiner von den anderen war bereit, ihm zu helfen.
„Wenn ich nur den verflixten Schlüssel hätte!" jammerte er hinter der Schlafzimmertür. Aber die anderen wollten sich auf nichts einlassen.
Ich war wütend auf sie. Ich wollte Tony helfen, schon allein, um ihnen zu zeigen, daß ich zu etwas taugte. Ich wußte nicht genau, was ich hätte tun können, aber ich wußte, daß Mutter den Schlüssel in ihrer Schürzentasche trug; ich hatte gehört, wie Vater zu ihr sagte, sie solle ihn da hineinstecken, weil das der sicherste Platz sei.
Mein Problem war nun, ihn da herauszukriegen.
Dann hatte ich eine Idee. Sie gefiel mir nicht. Aber es war die einzige Möglichkeit.
Ich kroch zu Mutter, die auf dem Sofa saß und am Arbeitsanzug meines Vaters nähte, hinüber und legte mit einem schweren, traurigen Seufzer meinen Kopf in ihren Schoß. Sie blickte überrascht auf, denn das war nicht meine Art. Ich haßte es, bedauert zu werden.
„Was gibt's – müde?" fragte sie, indem sie Nadel und Faden beiseitelegte. Ich nickte mit sehr finsterer Miene, und sie bückte sich und hob mich auf ihren Schoß.
„Wir wollen ein Liedchen singen, damit der Sandmann kommt", sagte sie. Dann begann sie, mit sanfter Stimme eine alte irische Ballade zu singen, bei der jeder eingeschlafen wäre.
Ich machte die Augen zu, und in wenigen Minuten schnarchte ich sehr überzeugend. Dann bewegte ich vorsichtig meinen linken Fuß in die Nähe von Mutters Schürzentasche, hielt inne und streckte ihn noch einmal, so daß er sich diesmal tatsächlich innerhalb der Tasche befand. Ich begann, den Inhalt sorgfältig zu untersuchen.

Es war allerhand Krimskrams darin – wie Scheren, Knöpfe und Garnrollen. Schon wollte ich aufgeben, als meine Zehen plötzlich etwas Kaltes und Metallisches berührten, und ich wußte, daß es endlich der Schlüssel war. Ich umklammerte ihn fest mit meinen Zehen und wand meinen Fuß langsam aus Mutters Tasche heraus, während ich den Schlüssel ganz festhielt.

Ich führte das alles so ruhig und behutsam aus, daß Mutter unmöglich Verdacht schöpfen konnte. Sie dachte, ich bewege mich nur im Schlaf.

Nach einem Weilchen setzte sie mich vorsichtig aufs Sofa nieder und warf einen alten Rock über mich, um mich zu wärmen. Dann ging sie, immer noch leise vor sich hinsummend, in die Kammer, um das Abendessen fertigzumachen. Sobald sie die Küche verlassen hatte, warf ich den Rock ab, ließ mich vom Sofa gleiten und kroch, so schnell ich konnte, zur Tür. Zum Glück stand sie offen, und so gelangte ich auf den Flur hinaus, zog mich rückwärts die Stufen hinauf wie ein Krebs und erreichte den Treppenabsatz, ohne mir das Genick zu brechen.

Ich stieß mit meinem linken Fuß an die Schlafzimmertür. Die sehr mißtrauisch klingende Stimme meines Bruders ließ sich von innen vernehmen.

„Wer ist da?“ Es gelang mir, ihm verständlich zu machen, daß ich es war. „Was willst du?“ fragte er mich.

Ich gab durch Grunzen zu verstehen, daß ich den Schlüssel hätte. Sogleich waren hastige Schritte innen im Raum zu hören, und im nächsten Augenblick kauerten Tony und ich unten zu beiden Seiten der Tür und blickten uns durch den Schlitz an. Zum ersten- und letztenmal in unserem Leben befanden wir uns Auge in Auge einander gegenüber. „Gut! Kannst du ihn unter der Tür durchschieben?“ fragte Tony, der nur flüsternd sprach. Ich versuchte es, aber der Spalt war nicht breit genug; der Schlüssel blieb auf halbem Wege stecken!

„Ich will's machen!" sagte mein Bruder voller Ingrimm. Dann zog er sein Taschenmesser aus seiner Hosentasche und begann, etwas von dem Holz am Fuß der Tür abzuschaben, bis der Spalt gut einen halben Zoll breiter war. „Versuch's jetzt!" sagte er mir. Ich schob den Schlüssel wieder hinein, und diesmal rutschte er glatt unten durch. „Großartig!" rief er. Ich hörte ihn vom Fußboden aufstehen, in wenigen Sekunden war der Schlüssel im Schloß umgedreht, und Tony trat auf den Treppenabsatz hinaus, ein breites Grinsen auf seinem Gesicht.

Er bückte sich und zupfte mich am Ohr. „Du bist ein Prachtkerl, Chris", sagte er. „Mehr wert als all die andern!"

Dann raste er die Stufen hinab wie ein Schnelläufer, blieb unten stehen, um zurückzuwinken und mir zuzulachen, und in der nächsten Sekunde öffnete er geräuschlos die Vordertür und ging hinaus.

Ich klomm die Stufen hinab, kroch in die Küche, rutschte auf dem Fußboden weiter und zurück aufs Sofa, während Mutter immer noch in der Aufwaschküche mit dem Kochen des Abendessens beschäftigt war. Sie hat den Schlüssel niemals vermißt.

„Was ist mit der Tür los?" fragte Vater später ärgerlich, während er auf die Stelle blickte, wo Tony das Holz abgeschabt hatte.

„Mäuse", sagte Tony, als er niederkniete, um sein Abendgebet zu sprechen.

Henry

Als ich acht Jahre alt war, war der alte Sportwagen immer noch meine Staatskarosse, und ich fuhr darin spazieren wie ein König. Er war ein häßliches, verbeultes altes Ding, das von niemandem jemals gut behandelt wurde. Er wurde dauernd gestoßen, umgeworfen, herumgeschubst und mit Füßen getreten. Alle machten sich lustig über ihn. Aber für mich war er etwas Liebenswertes, beinahe wie ein menschliches Wesen. Er schien eine besondere, ihm eigene Würde zu besitzen, die niemand außer mir richtig zu schätzen verstand. Ich nannte ihn Henry. Von ihm aus hatte ich zum erstenmal das Leben in der freien Natur erblickt, während ich auf seinem Sitz mit den heraussstehenden Sprungfedern saß. Ich kann mich noch an den feuchten Wind auf meinem Gesicht erinnern, als meine Brüder eines Tages mit mir durch dicht belebte Straßen rasten. Ich kann mich erinnern, wie ich in dem Wagen saß, während sie mit ihren Freunden unter einer Straßenlaterne Karten spielten; es war ein dunkler Winterabend, in den Rinnsteinen am Straßendamm rann das Wasser, und der Laternenschein spiegelte sich darin, so daß sie in der Dunkelheit aussahen wie kleine, goldene Flüsse.

Der alte Henry war mein Thron. Auf ihm erlebte ich mit den andern zusammen Abenteuer und Erregung. Sie nahmen mich überall mit hin, sogar jedes Wochenende in unser Kino. Beim Hineingehen saß ich hoch oben auf dem Rücken meines großen Bruders Jim. Ich bemerkte, wie die anderen Kinder mich anstarrten und wie Jim zu ihnen sagte: „Glotzt nicht so!“, aber ich dachte nicht weiter darüber nach, weil ich nicht einsehen konnte, warum ich nicht hoch oben auf dem Rücken meines Bruders sitzen sollte. Immer, soweit ich mich erinnern konnte, war ich auf dem Rücken von irgend jemandem einhergegangen. Ich wußte nicht, warum.

Ich ging gern ins Kino. Ich liebte die eigenartige Stimmung, wenn die Lichter ausgingen und der ganze Raum dunkel wurde, bis dann der lange schmale Lichtstrahl von der Rückwand her über unsere Köpfe hinwegschoß und auf die große Leinwand fiel, sie wurde lebendig und hell und blendete unsere Augen, dann eine plötzliche, tiefe Stille, und das Bild war da.

Einmal, als wir in einem Kino waren, versuchten Peter und einige unserer Spielkameraden mich zum Rauchen zu verleiten. Sie selber probierten es mit einem Päckchen Zigaretten aus, das Peter frühmorgens aus Vaters Tasche stibitzt hatte. Aber als sie eine Zigarette in meinen Mund gesteckt hatten, begann ich, sie sofort zu zerkauen und hatte das ganze Zeug aufgegessen, ehe sie überhaupt Zeit hatten, die Zigarette anzuzünden! Peter sah mich voller Entsetzen an und erwartete, daß ich grün im Gesicht werden oder wenigstens den Tabak hustend wieder herausbringen würde. Aber ich grinste nur und machte meinen Mund auf, um mehr zu bekommen.
Er gab mir keine Zigarette mehr.
Der Sommer kam. Die dürftige kleine Reihe Vergißmeinnicht längs der Wand sprießte tapfer hervor, die zierlichen sternförmigen Blüten waren ganz blau und weiß und rot gesprenkelt. Der große Baum in Nachbars Garten nebenan war mit hellgrünen Blättern bedeckt, und das Moos, das sich an seine Rinde schmiegte, sah feucht aus und schimmerte von kleinen Tauperlen, die im Sonnenschein glänzten. Draußen auf den Straßen schwirrten und summten die Fliegen über den Mülltonnen, sie tanzten über den Köpfen von Hunden, die auf Türschwellen schliefen oder zusammengerollt in Gärten lagen.
Es war zu heiß und man schwitzte zu sehr, als daß man ins Kino hätte gehen können. So unterzogen meine Brüder den alten Henry einer gründlichen Frühjahrsreinigung und nahmen mich zu längeren „Spaziergängen" mit in die Vororte von Dublin oder, an Sonntagen, auch in den Phönix-Park, wo wir den Tag damit verbrachten, im Grase zu liegen und dann ins Donnelly-Tal hinabzusteigen, ein Feuer anzuzünden und in einem rostigen, alten Kesselchen Tee zu bereiten. Dazu verzehrten wir belegte Brote und erzählten Geschichten über Dinge, die sich niemals ereignet hatten, bis die Schatten sich herabsenkten und es Zeit war, nach Hause zu gehen. Es war lustig,

solche kleinen Landpartien zu unternehmen. Die Leute blieben manchmal stehen und starrten mich an, wenn meine Brüder mich spazierenfuhren, aber ich machte mir nichts daraus, weil ich keine Ahnung hatte, warum sie mich anstarrten. Vielleicht lauerte versteckt auf dem Grunde meiner Seele eine Ahnung, daß irgendwo etwas nicht stimmte, irgend etwas an mir, was die Leute veranlaßte, mich auf so merkwürdige Weise anzusehen, wenn sie vorbeigingen. Aber es war ein unbehaglicher Gedanke, und er erschreckte mich, so daß ich versuchte, ihn von mir zu schieben. Ich wollte nichts weiter als glücklich sein. Und meine Brüder sorgten dafür, daß ich glücklich war.

Ich besinne mich auf einen kleinen Ausflug, den wir eines Tages über Dublin hinaus aufs Land unternahmen, als ich ungefähr achteinhalb Jahre alt war. Wir machten uns an einem hellen, warmen Sonntagmorgen im September gegen zehn Uhr auf den Weg. Der alte Henry war am Abend zuvor besonders geölt und blank gerieben worden, und infolgedessen ächzte er an jenem Morgen nicht ganz so laut. Peter warf seine Bücher in die Bodenkammer und verstaute in seinem Schulranzen Butterbrote und eine Neun-Pence-Flasche mit Sauce. Zwei Flaschen Milch wurden unter das Kissen meines Wagens geschoben. Jedesmal, wenn es einen Ruck gab, stießen die Flaschen im Wagen gegen mein Hinterteil, daß es braun und blau wurde. Wir waren unser fünf, meine beiden Brüder, zwei Spielgefährten und ich. Wir hatten alle unsere Sonntagskleider an, und Peter hatte seinen Kopf mit Haarpomade bearbeitet, die er Tony gemaust hatte. „Jetzt sehe ich aus wie Clark Gable, nicht wahr?“ sagte er, als er sich im Spiegel, der an der Wand über unserem Bett hing, betrachtete. Gerade, als er dies sagte, ertönte ein Schritt auf der Treppe, und wir hörten Tony, der beim Heraufkommen etwas vor sich hinmurmelte.

„Ich bin nicht da!“ flüsterte Peter, als er unter dem Bett verschwand. Dann öffnete sich die Tür, und Tony steckte

seinen Kopf herein.
„Habt ihr Peter gesehen?“ fragte er uns und sah sich wütend im Zimmer um.
„Zur Messe gegangen“, antwortete Paddy leichthin, während er seine Krawatte knotete.
„Er hat schon wieder meinen Brylcreme geklaut“, brummte Tony, als er zornig die Treppe hinabging.
„Ist er fort?“ fragte Peter leise, indem er unter dem Bett hervorblinzelte.
„Ja – aber er wird dich totschlagen, wenn er dich erwischt!“ warnte Paddy.
„Schrecklich staubig da unten!“ sagte Peter und bürstete sich ab, als er aufstand, unbekümmert wie stets.
Schließlich waren wir unterwegs, und ein paar Stunden später lagerten wir am Ufer eines Bergstroms. Ich saß am Rande des Ufers und war ganz fasziniert, als ich auf das sonnengefleckte Wasser hinabblickte und die kleinen Umrisse von Fischen entdeckte, die wie Schatten zwischen dem wogenden grünen Moos auf dem Grunde hin- und herhuschten. Eine Anzahl dieser kleinen silbrigen Geschöpfc versammelte sich dicht unter mir rings um einen abschüssigen Felsenvorsprung. Schnell warf ich eine meiner Sandalen weg und stieß meinen linken Fuß ins Wasser, weil ich dachte, ich könne einen von ihnen zwischen meinen Zehen einfangen. Aber ich kannte die Gewohnheiten der Fische nicht, und sie schossen davon in einem Gewirr von Streifen und kleinen Wellchen hinüber zum anderen Ufer, viel weiter als mein Fuß hätte reichen können.
Es war ein schöner Tag. Paddy freundete sich mit einer Kuh auf einem nahliegenden Felde an, einem großen, fetten, braunen Tier mit verträumten Augen und einem gewaltigen Schwanz, der sich wie ein Seil um seine Hinterbeine wickelte.
„Ich werde sie melken!“ sagte er zu uns, und wir lachten ihn alle aus. Aber er redete der alten Kuh gut zu, flüster-

te zärtliche Worte in ihr Ohr und erreichte schließlich, daß sie stillstand, während er sich auf einen Baumstumpf setzte, den kleinen Kessel unter die Kuh stellte und zu uns herübergrinste. Paßt jetzt auf!“ sagte er.

Wir sahen zu, aber im Augenblick, als er die Hand ausstreckte und das Euter der Kuh berührte, schlug sie empört mit einem Hinterbein aus und stieß ihn um, so daß er zappelnd auf dem Rücken lag. Dann trottete sie mit wedelndem Schwanz bedächtig davon.

„Das ist mir eine feine Dame!“ sagte Paddy. Wir lachten schallend.

Gegen Abend machten wir uns auf den Heimweg, aber als wir den halben Weg zurückgelegt hatten, waren wir sehr hungrig. Unser mitgenommenes Essen war etwa zwei Stunden vorher zu Ende gegangen, und wir hatten nichts übrigbehalten als die leeren Milchflaschen. Es begann zu dämmern, und es lag noch ein weiter Weg vor uns. Ich war nicht so schlimm dran, denn, wenn ich auch hungrig war, so brauchte ich doch nicht zu marschieren wie die anderen: Ich saß einfach zurückgelehnt da, während die anderen sich abwechselten, um mich zu schieben.

„Ich sterbe vor Hunger!“ klagte Peter mit herabhängenden Schultern.

„Halt den Mund, ich auch“, brummte Paddy zurück, indem er weiterschritt.

Paddy sagte zu Peter, er hätte ja mehr Brote mitnehmen können; er hätte daran denken müssen, daß sie alle jung und deshalb hungrig seien. Peter belegte ihn einfach mit einem Schimpfwort.

Wir wurden alle ungeduldig und schlechter Laune, als plötzlich beim Einbiegen in eine Wegkrümmung ein stattliches Haus vor uns lag mit schmiedeeisernen Toren davor und von einer Steinmauer umgeben. Vor der Vorderseite des Hauses standen lauter Obstbäume; die Zweige hingen bis über die Mauer herab, beladen mit allerlei köstlichen Früchten. Wir blieben unverzüglich stehen.

Wir schauten auf die Obstbäume, dann sahen wir einander an.
„Ich habe Hunger!“ verkündete Peter zum zweiten Male, seine Blicke blieben an den Äpfeln und Birnen hängen.
„Ich auch!“ sagte einer unserer Freunde.
„Auch ich“, sagte einer von den andern und streichelte zärtlich seinen Bauch.
Peter blickte sich vorsichtig um. „Es ist niemand in der Nähe“, sagte er zu uns. „Vielleicht, wenn du den Sportwagen nahe an die Mauer schiebst und ich mich auf ihn stelle –“.
Diesem Plan stimmten wir alle zu außer Paddy, der, da er der älteste von uns war, den schwachen Versuch machte, ein wenig Würde zu bewahren. Die anderen blickten ihn an und erwarteten, daß er die Führung übernähme.
„Also, was nun?“ fragte Peter ungeduldig, als Paddy nichts sagte. „Was sollen wir tun?“
Mein älterer Bruder trat von einem Fuß auf den andern, räusperte sich und sagte mit einem gewissen feierlichen Ernst: „Das siebente Gebot – Du sollst nicht stehlen!“
„Angsthase!“ schrien die anderen drei und rannten zur Mauer. Einer bückte sich mit gespreizten Beinen, während Peter auf seine Schultern kletterte. Er erreichte die Früchte und warf sie dem dritten zu, der unten stand und seine Jacke wie ein Laken aufgespannt hielt.
Paddy konnte nicht länger widerstehen. Er schob meinen Wagen dicht an die Mauer und stieg auf ihn, so daß er nur den Arm auszustrecken brauchte, um die roten Äpfel und die gelblichbraunen Birnen zu berühren.
„Halt, jetzt ist's genug – seid nicht so verfressen“, sagte Paddy, als jeder eine Handvoll Äpfel und Birnen gepflückt hatte. Sie kletterten herab, verteilten die Ernte zwischen uns fünfen und setzten sich auf den grasbewachsenen Straßenrand, um zu essen.
„Das wird jedenfalls vorhalten, bis wir nach Hause kommen“, sagte Peter, der mich mit einer Birne fütterte.

„Immerhin werden wir das in der Beichte sagen müssen", antwortete Paddy kindlich.
„Es war keine richtige Sünde", sagte Peter, mit vollen Backen seinen Apfel kauend. „Es wird sie niemand vermissen –"
„Wer kommt da?" fragte Bob, der eine von unseren Spielgefährten, er hielt seinen Kopf lauschend zur Seite geneigt wie ein Hund.
Wir vernahmen den Klang von Schritten, die gleich hinter der Wegkrümmung herannahten.
Peter gab uns einen Wink, kroch bis zur Ecke und äugte vorsichtig um sie herum. Dann kam er atemlos zurückgerannt.
„Ach, du liebes bißchen – es ist ein Polizist", keuchte er.
Paddy wurde grün im Gesicht. Er schien erstarrt. „Was soll nun aus uns werden?" fragte er hilflos.
„Nichts wie weg!" sagte Bob, auf die Füße springend.
„Aber wir können nicht Christy zurücklassen, das geht doch nicht?" platzte Peter heraus, als die Schritte näherkamen. Dann hatte er einen Einfall. „Schnell", sagte er, sich an die andern wendend. „Steckt das ganze Zeug unter Christys Kissen!"
Es war keine Zeit mehr für Fragen. In wenigen Sekunden hatten sie das ganze Obst aufgenommen, mich halb aus dem Wagen gezogen, alles auf seinen Boden unter das zerrissene, alte Kissen geworfen und mich dann obenauf gesetzt.
Der Polizist ging um die Ecke, und als er uns sah, kam er langsam auf uns zu.
„Guten Abend, Jungs", sagte er lächelnd. Er tätschelte meinen Kopf. „Noch so spät unterwegs, kleiner Mann, hm? Beinahe acht Uhr!"
Die anderen vier versuchten ruhig zu bleiben, aber sie konnten nicht stillstehen und scharrten ängstlich mit den Füßen wie Hühner.
„Bringt ihn jetzt nach Hause, Jungs", sagte der freund-

liche Polizist, „trödelt nicht länger rum. Cheerio." Mit diesen Worten verließ er uns und ging langsam die Straße hinauf in der Richtung, aus der wir gekommen waren.

Sie warteten, bis er außer Sicht war, dann holten sie die Äpfel und Birnen hervor. Sie waren unansehnlich geworden.

„Ach – gebt sie zurück!" brummte Paddy, als er sie sah. „Gott hat es nicht gern gesehen, daß wir sie stahlen."

So warfen sie denn sehr betrübt die zerquetschten Früchte über die Mauer des großen Gartens, und wir begaben uns wieder auf den Heimweg. Wir waren gegen zehn Uhr nachts zu Hause und fühlten uns leer wie Luft.

„Nun, habt ihr einen schönen Tag gehabt?" fragte Mutter, als wir zur Vordertür hereinkamen.

Peter sah Paddy an, er sah Peter an, und beide sahen mich an.

„Ja", sagte Peter und ließ es dabei bewenden.

Am nächsten Tag waren wir in besserer Stimmung, als Tony und Jim mich mitnahmen, um ihnen beim Schwimmen in dem nicht weit von unserem Haus entfernten Kanal zuzusehen. Es war ein sehr heißer und schwüler Tag. Die Sonne schien kaum. Eine schwere und drückende Hitze schien die Luft zu einer festen, greifbaren Masse zu machen, die einen zu Boden drückte.

Wir gelangten zum Kanal und fanden dort eine Unmenge Kinder versammelt, einige schwammen im Wasser, andere – meistens Mädchen – planschten an den seichten Stellen mit über den Knien zusammengerafften Rökken und Schürzen, wieder andere lagen auf dem grasbewachsenen Ufer, trockneten sich und warfen einander mit Steinchen. Die Luft war angefüllt von ihrem Lachen und Schreien, während sie im Wasser herumpatschten und den Wegrand mit Sprühregen bespritzten. Auf der Brücke standen ziemlich viele Zuschauer.

Meine beiden Brüder brachten mich zu einer Stelle, von wo aus ich alles genau sehen konnte. Dann entkleideten

sie sich unter der Brücke, schlüpften in Badehosen und sprangen ins Wasser.
In all dem Lärm und der freudigen Erregung mußte ich zusehen, mir war heiß, ich war feucht von Schweiß und ein bißchen neidisch. Ich wollte meine Kleider herunterreißen und im Wasser tauchen wie meine Brüder.
Und da empfand ich plötzlich genau dasselbe wie damals an dem Tage, als ich zum erstenmal den Buchstaben „A" geschrieben hatte – ein merkwürdiges, heftiges Verlangen, eine unbewußte Entschlossenheit, das zu tun, was die anderen taten, zu fühlen, was sie fühlten, und kennenzulernen, was sie kannten. Mich packte einzig und allein das Verlangen, gerade jetzt in diesem Augenblick ins Wasser zu gehen.
Ein Weilchen später kletterte Tony ans Ufer, sein Körper glänzte, und sein Haar klebte an seiner Stirn. Ich stieß einen Schrei aus, und Tony kam zu mir herauf. In meiner mir eigenen merkwürdigen und grunzenden Sprache sagte ich ihm, daß ich schwimmen wolle.
„Nun sieh mal einer an – du willst mich ja schön an der Nase herumführen!" sagte er lachend. Ich blieb hartnäkkig. „Aber du wirst ertrinken!" warnte er mich.
Nichts von dem, was Tony sagte, konnte mich von meinem Entschluß abbringen, ins Wasser zu gehen, denn ich war ein Kerl, der stets gewillt war, alles einmal zu versuchen. „Na gut", sagte er. Aber als mein ältester Bruder Jim davon hörte, meinte er, er wolle nichts damit zu tun haben. Er wollte Tony nicht einmal helfen, mich auszuziehen und mir eine Badehose anzuziehen.
„Dann gib mir wenigstens deine Badehose", bat Tony. „Er kann nicht nackt hineingehen!"
Er trug mich an eine unbelebte Stelle beim Kanal hinter einen Busch und zog mich dort aus. Jim war sehr groß und kräftig, und seine Badehose war viel zu lang für mich. Tony mußte sie mehrmals um mich herumwickeln und sie dann am Rücken mit einer Nadel zusammen-

stecken, ehe sie halten wollte. Endlich jedoch hatte er mich so weit und trug mich zum Ufer hinunter. Er blieb stehen und sah mich an. „Willst du immer noch hinein?" fragte er. „Du mußt dich nicht wundern, wenn du untergehst und nicht wieder nach oben kommst, verstanden?"
Ich grinste und schüttelte den Kopf. Es mag sein, daß ich mich fürchtete, aber ich war auch eigensinnig, viel zu eigensinnig, um jetzt aufzugeben. Der arme Jim stand zitternd daneben.
„Tu es nicht – du wirst ihn umbringen!" sagte er, aber wir achteten nicht auf ihn.
Tony brach einen Baumzweig ab, tauchte ihn ins Wasser, schwenkte ihn über meinem Kopf und sprach ein Vaterunser für mich. Dann packte er mich unter die Arme, hob mich ein wenig in die Höhe und warf mich mit einem Schwung in den Kanal!
Ich schnaufte, als ich das kalte, eisige Wasser über mich hinwegrieseln fühlte. Mein Gehirn wurde verwirrt; alles verschmolz zu einer einzigen verschwommenen Vorstellung von Wasser. Ich war eine Sekunde lang unter dem Wasser, kam nach oben, ging wieder unter, kam erneut an die Oberfläche und erwartete, zum drittenmal unterzugehen. Aber ich ging nicht unter. Statt dessen schlug ich wie rasend mit meinen Füßen aus, und das nächste, was ich begriff, war, daß ich ganz einfach dahinschwamm wie einer der weißen Schwäne weiter oben im Fluß. Ich machte immer noch kräftige Stöße mit meinen Füßen und segelte an der Oberfläche des Wassers weiter. Ich hörte schallendes Gelächter vom Ufer her, und wenige Augenblicke später schwamm Tony an meiner Seite. Er hielt meinen Arm und steuerte mich auf den Schleppweg zu, wo Jim mich ans Ufer zog. Dort lag ich atemlos, aber triumphierend.
„Eines Tages wirst du noch Christoph Columbus übertrumpfen!" sagte Tony, während er niederkniete und mich abtrocknete.

Das war mein erster Schwimmversuch. Es sollte nicht der letzte sein, denn ich schwamm noch oft in einem kleinen Felsenstrom, den wir eines Sommers in einem Walde entdeckten. Ich lag dann oft am Ufer, während die anderen badeten oder Brombeeren pflückten. Manchmal schlief ich dort ein. Ich war glücklich. Ich schaute in die Welt hinaus und nahm alles wahr, nur nicht mich selber.

Dann krachte eines Tages mein Sportwagen zusammen, die Achse brach ab, der Sitz fiel ein, und niemand konnte mehr etwas damit anfangen. Er wurde in den Kohlenschuppen gestellt, um dort zu verrosten.

Ohne ihn war ich verloren. Meine Brüder konnten mich nicht mehr mitnehmen, wenn sie spielen gingen. Mutter sprach davon, mir einen neuen Wagen zu besorgen, sobald Vater wieder Arbeit hätte, aber ich hörte kaum hin; ich war völlig verstört.

Nicht, daß ich den alten Wagen so sehr vermißte. Vielmehr war es die Gemütsverfassung, in der ich mich befand, als ich nicht mehr mit meinen Brüdern mitgehen konnte. Alles war verändert. Ich war endgültig auf mich selber angewiesen. Die merkwürdige Idee, mit mir könne etwas nicht stimmen, die schon vorher manchmal in meinem Geist aufgetaucht war, trat nun deutlicher zutage.

Ein paar Tage später saß ich im Vorgarten und spielte zusammen mit meinen Brüdern mit Bleisoldaten, als ein paar Spielkameraden hereinkamen, die Fischnetze und Marmeladeneimer an einer Schnur trugen. Sie schlugen vor, wir sollten alle zusammen fischen gehen. Der Tag war schön, und niemand wollte zu Hause bleiben. Es erfolgte ein allgemeiner Aufbruch, man holte Angelruten und allerlei Geräte, und alle waren ganz aufgeregt. Peter machte eine Wette, er würde noch, ehe der Tag zu Ende gehe, zwanzig Salmlinge fangen.

Sie versammelten sich alle am Tor, zum Aufbruch bereit. Dann hatte Tony etwas vergessen und kam mit einem Freund zurück, um es zu holen. Als er den Weg wieder

hinabging, blickte ich stumm zu ihm auf, in schweigendem Flehen.
Er blieb stehen. Es geschah zum erstenmal, daß er ohne mich irgendwohin ging.
„Es tut mir leid, Chris", sagte er, ohne mich anzusehen. „Wir werden dir viele Salmlinge mitbringen." Er ging schnell davon.
„Er kann einem leid tun –" begann sein Kamerad. Tony gab ihm einen heftigen Schubs, der ihn auf die Straße beförderte. Sie rannten weiter, um die anderen einzuholen. Ich blieb allein im Garten zurück. Ich blickte auf meine Hände herab, die sich unentwegt und immer wieder drehten und wanden.

Katriona Delahunt

Meine Welt war aus den Fugen geraten. Ich hatte den Boden unter den Füßen verloren. Das Leben schien einen bitteren Geschmack bekommen zu haben. Alles war so ganz anders, ich sah jetzt alles anders, und ich empfand alles anders.
Jetzt war ich selten glücklich. Ich pflegte in der Küche am Fenster zu sitzen und auf die Straße vor dem Hause hinauszustarren, wo meine Brüder mit ihren Freunden Fußball spielten; ich sah, wie Peter oft viele Tore schoß. Manchmal lächelten einige von ihnen zu mir herauf und winkten. Ich versuchte dann zurückzuwinken, aber wenn ich meinen Arm emporheben wollte, schoß er nach einer Seite heraus und knallte gegen den Fensterrahmen. Da ließ ich mich aufs Sofa hinter mir fallen und vergrub mein Gesicht in der Sofaecke.
Ich war jetzt genau zehn Jahre alt, ein Knabe, der nicht gehen, nicht sprechen, nicht essen, sich nicht selbst ankleiden konnte. Ich war hilflos, aber erst jetzt begann ich, mir darüber klar zu werden, wie hilflos ich wirklich war.

Ich wußte immer noch nichts über mich; ich wußte nichts, nur eines stand fest: ich war „anders“ als die anderen. Ich verstand nicht, wodurch ich anders war oder warum es so sein mußte. Ich wußte nur, daß ich weder herumlaufen, noch Fußball spielen, noch auf Bäume klettern konnte – oder auch nur mich selber mit Nahrung versorgen konnte wie die anderen.

Ich vermochte das nicht zu ergründen. Ich war nicht einmal imstande, einen klaren Gedanken darüber zu fassen. Ich konnte es nur fühlen, konnte es nur tief in meinem innersten Herzen spüren wie eine dünne scharfe Nadel, die sich ihren Weg durch alle Vorstellungen und Träume meiner kindlichen Seele bahnte, bis sie die Träume schließlich alle in Fetzen riß und die Seele nackt liegen ließ, machtlos der unumstößlichen Wahrheit gegenübergestellt, daß ich ein Krüppel war.

Bisher hatte ich niemals über mich selber nachgedacht. Es hatte sich zwar manchmal ein unbestimmtes Gefühl bemerkbar gemacht, welches andeutete, daß ich nicht wie die anderen war, eine unbehagliche Regung in meiner Seele, die kam und wieder ging. Aber das war nur ein einziger dunkler Punkt im Glanz aller Dinge gewesen, und ich hatte mich schnell daran gewöhnt, darüber hinwegzugehen. Ich hatte weiterhin mit meinen Brüdern gespielt, ich hatte den kleinen Lebensbereich, der vor meinen Augen lag, genossen, ich war mir die ganze Zeit über meiner selbst nicht bewußt gewesen.

Jetzt war es anders. Jetzt sah ich alles, aber nicht mit den Augen eines kleinen Jungen, der auf Spaß aus ist und von Wißbegierde überquillt, sondern mit den Augen eines Krüppels, eines Krüppels, der eben erst sein ganzes Elend erkannt hat.

Ich betrachtete Peters Hände. Es waren braune, feste Hände mit starken, ebenmäßigen Fingern, Hände, die einen Hockeyschläger kräftig anpacken oder eine Kastanie hoch hinauf in die Luft schleudern konnten. Dann

Fingern, Hände, die niemals stillhielten, sondern sich in-
blickte ich auf meine eigenen Hände herab. Es waren
seltsame, verkrampfte Hände mit gebogenen, krummen
einander verkrampften und ständig zuckten, so daß sie eher wie zwei sich windende Schlangen aussahen als ein Paar menschliche Hände. Ich begann, den Anblick dieser Hände zu hassen, den Anblick meines wackelnden Kopfes mit dem schief herunterhängenden Mund, wenn ich mich im Spiegel sah, so daß ich bald so weit war, den Spiegel zu hassen und zu fürchten. Er verriet mir zuviel. Der Spiegel ließ mich das sehen, was andere jedesmal sahen, wenn sie mich anblickten – nämlich, daß mein Mund, wenn ich ihn öffnete, sich seitwärts herabzog, so daß ich häßlich und albern aussah, und daß ich, wenn ich zu sprechen versuchte, nur sabberte und stammelte – bei jedem Wort, das ich zu sprechen versuchte, lief mir der Speichel aufs Kinn herab –, ich sah, daß mein Kopf unaufhörlich von einer Seite zur andern schwankte und wackelte, – daß ich, wenn ich zu lächeln versuchte, nur Grimassen schnitt und meine in die Höhe gezogenen Augen, mein Gesicht zu einer häßlichen Maske machten.

Ich war zutiefst erschrocken über das, was ich sah, denn ich hatte niemals daran gedacht, daß ich so aussehen könnte. Ich hatte schon vorher in den Spiegel gesehen, aber, da ich nicht gewußt hatte, worauf ich hätte achten sollen, hatte ich nichts Absonderliches entdeckt. Wenn ich jedoch jetzt in einen Spiegel blickte, schielte mich jedesmal das gleiche groteske Gesicht an. Eines Tages kletterte ich weinend auf mein Bett, streckte meinen linken Fuß aus, riß den kleinen Spiegel, der an der Wand hing, von seinem Nagel und warf ihn auf den Fußboden, wo er zersplitterte.

Mutter, die den Krach gehört hatte, kam die Treppe heraufgeeilt und fragte mich, was passiert sei. Ich zeigte einfach mit meinem Fuß auf die Stelle, wo das zerbrochene Glas lag, die Splitter blitzten wie Diamanten in dem

Sonnenstreifen, der durch die Vorhänge des Fensters fiel. „Das bedeutet sieben Jahre Unglück", sagte sie lächelnd, als sie die zerbrochenen Glassplitter auffegte.
Nach ein paar Wochen ermöglichte es meine Mutter, mir einen neuen Wagen zu kaufen, diesmal einen richtigen Krankenstuhl mit einem schön gepolsterten Sitz und Gummireifen. „Jetzt kannst du wieder ausfahren", sagte sie glücklich zu mir. Ich sagte gar nichts.
Am nächsten Tage nahmen meine Brüder mich wieder mit auf die Straße, erpicht darauf, meine neue Kutsche, wie sie den Stuhl nannten, „vorzuführen". All unsere alten Spielgefährten versammelten sich, jeder einzelne wollte einmal an die Reihe kommen, mich in meinem neuen Wagen zu schieben.
„Diesen mußt du Michel nennen", schlug einer von ihnen vor und fuhr mit seiner Hand über das schimmernde schwarze Leder der Armlehne.
„Nein", sagte Peter wichtig und streckte seine Nase in die Luft. „Wir wollen ihn Sylvester nennen.."
An jenem Tage nahmen sie mich mit, damit ich ihnen beim Fußballspielen zuschauen könne. Es war ganz so wie früher, die ganze „Bande" um mich herum, sie machten Witze und dachten sich Spiele für den Abend aus. Aber ich empfand nicht mehr dasselbe. Etwas in mir war erloschen oder hatte keinen Platz mehr in meinem Leben, ich konnte nicht sagen, was. Ich konnte nicht mit ihnen lachen, wie ich es gewohnt war. Ich gaffte immer ihre Gesichter an, um aus ihrem Blick herauszulesen, ob sie etwas Absonderliches an mir wahrnahmen. Wenn ein Fremder vorbeikam, versteckte ich jedesmal mein Gesicht, aber es ließ sich nicht vermeiden, daß ich immer wieder sah, wie sie mir zuerst ins Gesicht und dann auf die Hände blickten. Beim Weitergehen schüttelten sie dann bedeutungsvoll den Kopf, wenn sie, mit wem es auch sei, die Straße hinaufgingen und immer wieder zu mir zurückblickten, bis sie nicht mehr zu sehen waren.

Diese Blicke der Menschen auf den Straßen gingen mir durch und durch. Meine Brüder glaubten nicht, daß ich etwas bemerkte, aber ich bemerkte alles. Im Zeitraum von nur wenigen Wochen, seitdem mein alter Sportwagen zusammengbrochen war, war ich auch geistig ein anderer geworden. Mein Geist war jetzt ebenso anders, wie – ich wußte es jetzt – mein Körper es war. Ich war empfindlicher geworden, argwöhnischer jenen gegenüber, denen ich außerhalb des Hauses begegnete. Ich blickte stumm auf meine Brüder und Freunde herab, wenn sie um mich herumspielten, bediente mich jetzt nicht einmal mehr meines Grunzens. Ich fand kein Vergnügen mehr an ihren Spielen. Anstatt einer der Mitspieler zu sein, war ich jetzt Zuschauer geworden.

Nach jenem Tage fuhr ich nie mehr spazieren, höchstens vielleicht ein- oder zweimal im Jahr, und selbst dann ließ ich mich nur in stille, einsame Gegenden fahren, wo es weder Häuser noch Menschen gab. Meine Brüder begriffen nicht, wodurch ich so ein Stubenhocker geworden war. Sie drangen immer wieder in mich, ich solle mit ihnen mitgehen und Unsinn treiben wie früher, aber ich schüttelte nur mit dem Kopf und lächelte sie an. Dann pflegten sie sich den Kopf zu kratzen, mit den Achseln zu zucken und allein fortzugehen.

Mutter bemerkte die Veränderung, die mit mir vorgegangen war, und ich glaube, sie kannte die Ursache, aber sie sagte nichts. Sie verstand mich besser als alle anderen zu Hause. Ich konnte sie nicht täuschen, denn sie hatte einen ausgeprägten Sinn dafür, herauszufinden, ob ich glücklich oder traurig war, so als könne sie von allem, was mich bewegte, die Hälfte mitempfinden. Sie sah jetzt, daß ich fast immer traurig, niedergeschlagen und verschlossen war. Ich krabbelte nicht mehr im Hause herum, wie ich es gewohnt gewesen war, sondern saß zusammengerollt in dem großen Armstuhl, starrte ins Feuer oder auch nur auf die Wand.

Sie gab sich große Mühe, wieder einen Ausgleich zu schaffen, denn sie sah, daß ich einsam war, und sie kannte die Gefahr, in der ich mich befand, wenn man mich der Einsamkeit überließ. So ersann sie manchen Zeitvertreib für mich, wie das Abschreiben von Geschichten aus den Zeitungen in billige Six-Pence-Hefte, wobei ich einen Bleistift mit meinem linken Fuß hielt. Sie überprüfte sie dann, um zu sehen, ob ich alles richtig abgeschrieben hätte. Das Geschriebene sah abscheulich aus: groß hingekritztelte Buchstaben, die ohne Punkte, Gedankenstriche oder Kommas quer über die Seite abwärtsliefen, und natürlich nirgends so etwas wie ein Fragezeichen oder Ausrufungszeichen aufwiesen.

Wenn es mir auch dazu verhalf, die Tage freundlicher zu gestalten, so konnte es dennoch nicht dieses scheußliche Gefühl des Unbefriedigtseins von mir nehmen, das in meinem Herzen Wurzeln zu schlagen begann. Schreiben, oder besser Abschreiben, war gut; es führte mich wenigstens dazu, mich für Lektüre zu interessieren. Aber es war nicht genug. Ich brauchte mehr, ich brauchte etwas, was mir die Möglichkeit gab, einen Teil meiner Nervenkraft, der Wißbegierde und der geistigen Spannung, die wie ein Quell in mir sprudelten, zu betätigen. Ich wurde es bald müde, nur immer abzuschreiben, was andere geschrieben hatten, und ich hielt Ausschau nach einem neuen Weg, der mich zu einer Ausdrucksmöglichkeit hinführen könnte. Ich hatte das schreckliche Gefühl, eine verstopfte Quelle zu sein.

Ich war jetzt zehneinhalb Jahre alt und begann, mich immer tiefer und tiefer in mich selber zu versenken. Mutter gab sich Mühe, aber nichts konnte mich aufrütteln, nichts konnte das glückliche Kind, als das ich mich früher gefühlt hatte, zurückholen. Es existierte nicht mehr. An seine Stelle war ein aufs äußerste gespanntes, schweigendes, großäugiges Geschöpf getreten, mit Nerven, die geschärft waren wie zerbrochenes Glas und gestrafft wie Telegraphendraht.

Dann hatte einmal einer von uns – ich glaube, es war Paddy – zu Weihnachten einen Tuschkasten vom Nikolaus geschenkt bekommen. Ich bekam in jenem Jahr eine Schachtel Bleisoldaten, aber im Augenblick, als ich Paddys Tusche in lauter wundervollen Farben und den langen schlanken, weichen Pinsel sah, verliebte ich mich sofort in sie. Ich fühlte, ich mußte sie haben, um sie als mein eigen zu behalten. Ich war von den kleinen, festen Farbklötzchen hingerissen – blau, rot, gelb, grün und weiß. Später am Tage saß ich da und beobachtete Paddy, wie er versuchte, auf einem Stück weißen Pappdeckels, der von einem alten Schuhkarton abgerissen war, mit den Farben etwas Wirkungsvolles zustandezubringen; aber er richtete nur eine wüste Schmiererei an; ich fühlte mich auf seltsame Weise durch ihn verärgert – und ein wenig neidisch.

„Der Teufel soll sie holen – ich kann diese Dinger nicht gebrauchen!" brummte er und warf seinen Pinsel weg. „Das taugt nur für Mädchen."

Da sah ich meine Chance. Meine Schachtel Bleisoldaten mit meinem Fuß zu ihm hinüberschiebend, bat ich ihn mit Grunztönen, auf einen „Handel" einzugehen. Ich wollte meine Soldaten gegen seine Farben eintauschen.

„Gemacht!" rief Paddy, hocherfreut, solch weibisches Spielzeug loszuwerden. „Aber was willst du damit anfangen?"

Das wußte ich selber nicht, aber ich hob nur meinen linken Fuß und lächelte.

Ich verwahrte alles, bis die Aufregung der Weihnachtstage vorbei war. Dann, an einem ruhigen Nachmittag, als außer Mutter und mir niemand in der Küche war, kroch ich zum Schrank hinüber, öffnete die Tür mit meinem Fuß, nahm den kleinen schwarzen Tuschkasten heraus und stellte ihn vor mich auf den Fußboden.

„Was hast du vor?“ fragte Mutter, sie kam zu mir herüber, dorthin, wo ich mit dem Rücken gegen die Wand gelehnt hockte. „Du wirst doch nicht etwa zu malen versuchen!“

Ich nickte sehr ernst. Ich steckte den Pinsel zwischen meine Zehen, feuchtete ihn im Munde an, rieb dann mit ihm auf einem der farbigen Vierecke – und zwar auf dem hellblauen, das mir am besten gefiel. Danach rieb ich mit dem Pinsel gegen meinen anderen Fuß – und als ich den Pinsel wegnahm, sah ich einen blauen Fleck.

„Es geht!“ gelang es mir zu rufen, und ich spürte, wie mein Gesicht vor Erregung ganz heiß wurde.

„Ich werde dir Wasser holen“, sagte Mutter, ging in die Kammer und kam mit einer Tasse voll Wasser zurück, die sie neben mich auf den Fußboden stellte.

Ich hatte kein Papier. Mutter beschaffte mir welches, indem sie eine Seite aus Peters Rechenheft riß. Ich tauchte den Pinsel ins Wasser und rührte etwas leuchtend rote Farbe an. Dann straffte ich meinen Fuß, und während Mutter gespannt zusah, malte ich auf das freie Blatt vor mir – die Umrisse eines Kreuzes.

Ich grinste triumphierend zu ihr empor. Ich erinnerte mich daran, wie wir schon einmal, an jenem Tage vor fünf Jahren, zusammen auf dem Fußboden, fast an der gleichen Stelle gesessen hatten, wie ich gezittert und geschwitzt hatte, als ich zum erstenmal mit meinem linken Fuß schrieb. Mutter hatte damals neben mir gesessen – sie war auch jetzt an meiner Seite und entflammte meine Begeisterung von neuem.

Diesmal gab es kein Schwitzen oder Zittern. Ich machte es ganz ruhig. Ich hielt jetzt einen Pinsel, kein abgebrochenes Stück Kreide. Aber es war von gleicher Bedeutung – ich hatte eine neue Möglichkeit entdeckt, mit der Außenwelt in Verbindung zu treten, eine neue Möglichkeit, mittels meines linken Fußes zu sprechen.

Im Verlauf der Zeit wurde ich meinem kleinen Tusch-

kasten immer mehr zugetan. Ich malte allerhand verrückte Dinge, angefangen mit einer Skizze von Peters Gesicht – gegen die er empörte Einwendungen machte – bis zu einer Anzahl toter Fische im Mülleimer, die ich gemalt hatte, ehe Tibby, der Kater von nebenan, sie auffraß.
Dann gelang es meiner Mutter, mir noch ein paar weitere Farben und Pinsel zu kaufen, zusammen mit ein oder zwei Zeichenheften und einem Bleistift. Ich hatte nun mehr Spielraum für meine Mitteilungsmöglichkeit und eine größere Auswahl von Themen. Nach den wenigen ersten Wochen der Unsicherheit und Unbeholfenheit widmete ich mich zufrieden meinem neuen Zeitvertreib. Ich malte jeden Tag ganz für mich allein oben im hinteren Schlafzimmer.
Ich veränderte mich. Ich wußte es damals noch nicht, aber ich hatte einen Weg gefunden, wieder glücklich zu sein und einen Teil von dem, was mich unglücklich gemacht hatte, zu vergessen. Vor allem lernte ich, mich selber zu vergessen. Jetzt litt ich nicht mehr darunter, daß ich nicht mit meinen Brüdern ausfahren konnte, denn ich besaß etwas, um meinen Geist zu beschäftigen.
Ich pflegte stundenlang, den Pinsel zwischen meinen Zehen haltend, auf dem Fußboden zu hocken, mein rechtes Bein lag zusammengeknickt unter dem linken, meine Arme waren fest gegen meine Seiten gepreßt, die Hände geballt. All meine Farben und Pinsel lagen um mich herum, und ich pflegte Mutter und Vater zu bitten, das Zeichenpapier mit Heftzwecken auf dem Boden zu befestigen, so daß es nicht verrutschen konnte. Diese Stellung sah äußerst merkwürdig und ungeschickt aus, mein Kopf befand sich beinahe zwischen meinen Knien, und mein Rücken war verbogen wie ein Korkenzieher. Aber ich malte meine besten Bilder auf diese Weise, mit dem hölzernen Fußboden als meiner einzigen Staffelei.
Langsam begann sich meine bisherige Niedergeschlagenheit zu verlieren. Beim Malen hatte ich ein Gefühl lau-

terster Freude, ein Gefühl, das ich niemals zuvor erlebt hatte und das mich beinahe über mich selber hinauszuheben schien. Nur wenn ich nicht malte, wurde ich deprimiert und unfreundlich zu allen daheim. Anfänglich dachte Mutter, sie täte gut daran, mich beim Malen noch anzufeuern, denn sie meinte, es würde mir weniger Zeit lassen, unglücklich zu sein. Aber nach einer Weile begann sie sich Sorge zu machen, weil ich soviel Zeit allein verbrachte. Ich saß stundenlang malend oben im Schlafzimmer, alles um mich her vergessend – mich selber inbegriffen.

Sie kam oft die Treppe herauf, um zu sehen, ob ich etwas brauche, sie kam auf Zehenspitzen ins Zimmer. Dort fand sie mich dann, über ein Bild gebeugt, mit dem Pinsel zwischen meinen Zehen. Manchmal kam sie zu mir herüber, um mir die Haare aus den Augen zu streichen und den Schweiß von der Stirn zu wischen; denn, wenn ich jetzt auch meinen linken Fuß mit solcher Leichtigkeit gebrauchte, wie Peter oder Paddy ihre Hände gebrauchen konnten, so war es doch für meinen übrigen Körper eine fürchterliche Anstrengung, auf dem Fußboden zu sitzen, fast den ganzen Tag über einem Bilde kauernd. Aber oft, wenn Mutter heraufkam, um zu sehen, ob ich mich wohlfühlte, nickte ich nur kurz mit dem Kopf und grunzte.

Dann wurde Mutter eines Tages, als ich ungefähr elf Jahre alt war, krank, und man brachte sie in das Rotunda-Hospital, wo sie ein paar Wochen später ihr letztes Kind zur Welt brachte, einen Knaben, so daß wir jetzt insgesamt zweiundzwanzig waren. Nach der Geburt meines jüngsten Bruders war sie sehr krank, und ihr Zustand wurde zunehmend schlechter. Wir befanden uns zu Hause alle in einer schrecklichen Verfassung. Ohne die Mutter schien das Haus abzusterben. Es war so, als entferne man das Uhrwerk einer Uhr und lasse die Zeiger still und kraftlos herabhängen. Jetzt malte ich auch nicht;

ich hatte für nichts Interesse, weil ich dachte, Mutter müsse sterben.
An einem kalten Dezemberabend saß ich notdürftig bekleidet auf dem Sofa, als ein Klopfen an der Vordertür sich vernehmbar machte. Vater saß neben dem Feuer und hielt eine Zeitung fest in seiner Hand, viel zu bekümmert, um sie zu lesen; er hatte das erste Klopfen nicht gehört, aber als es noch einmal ertönte, stand er auf und ging in den Flur, um zu öffnen.
Ich hörte Stimmen an der Flurtür, aber ich gab mir keine Mühe hinzuhören, weil ich viel zu verängstigt und beunruhigt war wegen Mutter. Ich hatte mich gerade auf eine Seite gelegt und meinen Kopf nahe der Wand in der Sofaecke vergraben, als die Tür geöffnet wurde und ich Vater und noch jemanden in die Küche kommen hörte.
„Das ist Christy", sagte Vater. Dann hörte ich eine Mädchenstimme fragen: „Schläft er?"
Verwirrt und ein wenig blinzelnd blickte ich zu dem Besuch auf. Das Licht war noch nicht eingeschaltet gewesen, und der Raum war etwas verschattet, aber im Licht der Straßenlaterne draußen sah ich, daß mein Besuch ein junges Mädchen war, vielleicht achtzehn Jahre alt. Es war schlank und groß und lieblich – das schönste Mädchen, das ich jemals gesehen hatte.
„Hallo", sagte sie und lächelte mit einem reizenden Lächeln. „Mein Name ist Miß Delahunt. Deine Mutter erzählte mir von dir."
Ich versuchte etwas zu sagen, aber ich gab nur das gleiche merkwürdige, grunzende Geräusch von mir, das ich stets machte, wenn ich zu sprechen versuchte. Das Mädchen lächelte einfach und setzte sich auf den Rand des Sofas. „Ich dachte, ich will einmal vorbeikommen und dich besuchen", sagte sie. „Du hast doch nichts dagegen?"
Ich schüttelte heftig den Kopf. Dann erzählte sie mir, auf welche Weise sie von mir gehört habe. Ich erfuhr, sie werde im Rotunda-Hospital als Fürsorgerin ausgebildet,

dort habe sie Mutter getroffen und einiges über mich gehört, man habe ihr auch erzählt, wie ich mit meinem linken Fuß male, und deshalb habe sie mich gern besuchen wollen. Sie gab auch noch einen anderen Grund für ihr Kommen an: Mutter sei sehr in Sorge, wie wir zu Hause ohne sie fertig würden, und deshalb habe das Mädchen beschlossen, zu uns zu kommen und mich zu bitten, Mutter einen kleinen Zettel zu schreiben.

„Willst du das für mich tun?" fragte sie.

Ich konnte es nicht ablehnen. Dann setzte Vater mich auf den Tisch, und den Bleistift zwischen meinen Zehen haltend, schrieb ich auf die Rückseite eines alten Briefumschlages:

„Liebe Mutter, Sorge Dich nicht. Alles in bester Ordnung. Reichlich zu essen. Werde bald gesund. Christy."

Ich wollte keine Küsse an den Schluß setzen, aber Miß Delahunt sagte mir, es würde besser aussehen, wenn ich es täte, und so kritzelte ich notgedrungen einen dicken Kuß auf die Ecke des Umschlags und gab ihn ihr.

Sie ging fort, versprach aber wiederzukommen. An jenem Abend war mir ganz schwindelig, als ich zu Bett ging.

Als sie das nächste Mal kam, erlebte ich eine große Überraschung: sie brachte mir ein Riesenpaket mit Farben, Pinseln und Zeichenheften mit, dazu die gute Nachricht, daß es Mutter besser gehe und sie bald heimkehren werde. Katriona Delahunt – trat zu einem Zeitpunkt in mein Leben, als ich so jemanden wie sie gerade dringend nötig hatte, jemanden, der ganz außerhalb meines eigenen Lebensbereiches stand, jemanden, der mich auf die Notwendigkeit hinwies, den Versuch zu machen, mich über den alltäglichen Gedankenkreis und das Betätigungsgebiet meiner Umgebung hinauszuheben. Dadurch würde es mir allmählich möglich werden, in mir selber ein Gefühl des Ausgeglichenseins und größerer Sicherheit gegenüber den anderen zu erwecken. Neben meiner Mutter

sollte sie den größten Einfluß auf mich haben.
Aber natürlich wußte ich all dies nicht im Alter von elf Jahren. Ich wußte nur, daß ich meinem ersten Schwarm begegnet war.

Der Künstler

Die Begegnung mit meiner ersten Liebe war für mich ein Ereignis, das in der Folgezeit zu einer einzigartigen Kette bedeutungsvoller Entscheidungen führen sollte. Ich war zu jung, um beurteilen zu können, ob mein Herz sich vielleicht falsch verhielt, und ich war zu jung, mir, falls es das tat, darüber klar zu werden, denn in jenem Alter konzentrierte sich meine Aufmerksamkeit mehr auf meinen linken Fuß als auf irgendeinen anderen Teil von mir – mein Herz mit inbegriffen.
Und dennoch vermute ich, daß meine Gefühle im großen und ganzen die gleichen waren, wie jeder beliebige andere junge Bursche sie haben würde, wenn er nur ein klein bißchen Einbildungskraft besitzt. Obwohl ich zuerst verwirrt und befangen war, wenn Miß Delahunt mich besuchen kam, wurde ich doch allmählich ruhiger und fing sogar an, den Tagen, an denen ihr Besuch bevorstand, voller Aufregung entgegenzusehen. Mutter mußte mein Haar sehr sorgfältig kämmen, ich gab ihr genaue Anweisungen: sie solle so viele „Wellen“ legen, wie sie nur könne. Manchmal, wenn ich wußte, daß Katriona Delahunt kommen würde, veranlaßte ich Mutter auch, genau wie Peter etwas Haarpomade aus Tonys Eight-Pence-Flasche zu stibitzen und sie in mein Haar zu bürsten.
Ich konnte immer noch nicht sprechen, aber, wie dem auch sei, das Reden schien nicht so furchtbar wichtig zu sein, wenn ich mit meiner neuen Freundin zusammen war. Wir schienen eine nur uns verständliche seltsame und unbewußte Sprache zu sprechen, wir konnten einander auf

eine eigentümliche Art verstehen, ohne uns bewußt durch Worte zu verständigen. Ich wußte damals nichts von Telepathie. Aber ich glaube ohnehin nicht, daß diese Bezeichnung für unsere Art der Verständigung, durch die ich mich mit Miß Delahunt unterhalten konnte, ohne auch nur grunzen zu müssen, zutreffend wäre.

Mein Horizont begann sich zu weiten. Ich lernte mehr von mir selber und von den Vorgängen in meiner Umwelt begreifen, nicht, weil jemand mir davon erzählte, sondern weil ich begonnen hatte, ein wenig mehr zu empfinden, ein wenig mehr zu denken und deshalb ein wenig mehr zu erkennen. Ich hatte mich selber besser kennengelernt, weil ich gelernt hatte, mir Ausdruck zu verleihen und in die Tiefe all dessen vorzudringen, was unter der Oberfläche meines Bewußtseins lag. Aber ich hatte keine Ahnung, wie es bei allem, was noch in der Zukunft lag, um mich bestellt sein würde.

Als ich mich immer mehr ins Malen vertiefte, begann ich mich innerlich glücklicher und ruhiger zu fühlen. Weniger als bisher neigte ich dazu, den anderen unfreundlich zu begegnen, wenn sie mich etwas fragten oder gar mit mir sprachen. Das Malen wurde die große Liebe meines Lebens, die Achse, um die mein ganzes Denken sich bewegte. Ich lebte in den Gefilden meiner Farben und Pinsel.

Dennoch war es nicht nur das Malen, das mich so glücklich machte; das allein wäre nicht genug gewesen. Es handelte sich vielmehr um die Tatsache, daß ich nicht nur zu meiner eigenen Freude malte, sondern auch, um jemand anderem damit Freude zu bereiten: das Gefühl, nützlich zu sein, meine Bilder für jemanden zu malen, der in meinen Augen gewissermaßen zu einer Göttin geworden war. Mein lieblicher „Schwarm“ war nicht nur immer sehr erfreut, meine kleinen Malereien entgegenzunehmen, sondern Katriona Delahunt freute sich tatsächlich sogar schon im v o r a u s auf die Bilder. Das war das Großartige an ihr: sie verstand es, mir das Gefühl zu vermitteln, daß ich wichtig sei, daß ich nützlich und verantwortlich sei. Ich malte sehr schlecht. Alles, was ich fertigbrachte oder fertigbringen konnte, waren scheußliche kleine Landschaften mit großen Klecksen in Braun und Grün, die sich über das Papier ausbreiteten, und in ein riesiges zähes Meer von Blau für den Himmel. Aber Miß Delahunt sprach von ihnen immer so, als handele es sich um große Meisterwerke, und durch diese Aufmunterung begann ich, besser und mit größerer Selbstsicherheit zu malen.

Ich mischte meine Farben alle selber. Ich ordnete meine Tuschen auf dem Fußboden und machte meine Stifte und Pinsel fertig – alles mit meinem linken Fuß. Meine Angehörigen wären gern bereit gewesen, mir dabei zu helfen, aber ich konnte mich nicht auf sie verlassen, weil keiner von ihnen die Voraussetzungen für Farben und Pinsel kannte und auch nicht mit ihnen umzugehen verstand. Ich befürchtete, sie könnten meinen kostbaren Malwerkzeugen etwas Schreckliches antun, deshalb zog ich es vor, mich selber darum zu kümmern.

Zuerst bewahrte ich all meine Farben in einem alten Pappkarton unter meinem Bett auf. Aber Vater fertigte mir bald eine Holzkiste an, um alles darin zu verstauen, und diese Kiste nannte ich meinen „Werkzeugkasten".

Da entdeckte ich an einem Dezembertag ein paar Wochen vor Weihnachten, als ich mit meinem linken Fuß die Seiten der Zeitung Sunday Independant umblätterte, die Ankündigung eines Malwettbewerbs anläßlich des Weihnachtsfestes für Kinder von zwölf bis sechzehn Jahren. Ich war gerade ein wenig mehr als zwölf Jahre alt und kam deshalb durchaus als Mitbewerber in Betracht. Es war ein Sonntagmorgen, alle anderen waren zur Messe gegangen, Mutter war in der Kammer damit beschäftigt, den Kohl für das Mittagessen zu waschen, während Vater am Fenster saß und seine Zeitung las. Ich blickte wieder auf die Anzeige. Da war eine gewöhnliche

Schwarz-Weiß-Reproduktion von dem Bild zu sehen, das angetuscht werden sollte. Es zeigte eine lustige Szene im Ballsaal, Aschenputtel tanzte mit ihrem Märchenprinzen in der Mitte der Tanzfläche, umgeben von den anderen Tanzenden, alle in vornehmen Kostümen, die Männer mit enganliegenden Strümpfen und Wämsen und die Damen in wehenden Gewändern. Über ihren Köpfen schaukelten große Kronleuchter.

Ich dachte, dies Bild eigne sich gut zum Malen, ich fand es so anziehend, daß ich es schon fertig ausgeführt vor mir zu sehen glaubte, und es leuchtete von Farben, als ich es staunend betrachtete. Ich sah alles so deutlich vor mir, daß ich das Gefühl hatte, ich hätte es bereits gemalt.

Ich rief Mutter aus der Kammer herein und zeigte ihr die Mitteilungen über den Wettbewerb.

„Versuch's doch", sagte sie. Ich schüttelte den Kopf und murmelte etwas, dazu könne ich nicht genug. „Das ist albern", sagte Mutter. „Du brauchst doch nicht gleich ein Genie zu sein. Versuch's einfach."

Ich tat es. Ich malte das Bild noch am gleichen Nachmittag, und es gelang mir besser, als ich erwartet hatte. Ich verwendete besondere Aufmerksamkeit auf Aschenputtel. Aus ihr machte ich geradezu ein Glamourgirl mit rosa Wangen, goldenen Locken und einem schönen blauen Kleid. Ihre weißen Atlasschuhe lugten zierlich unter ihrem Gewande hervor, wie zwei kleine Mäuse. Die Uniform des Märchenprinzen malte ich in leuchtendem Purpurrot, und ich beschloß, ihr eine besonders künstlerische Note zu verleihen, indem ich winzig gelbe Pünktchen darüberspritzte. Dadurch sollten Edelsteine angedeutet werden. Die Augen von beiden malte ich blau, aber in die des Prinzen setzte ich einen grünen Punkt.

Ich war befriedigt, als ich das Bild fertig hatte. Mit dem Wettbewerb an sich wollte ich nichts zu tun haben, weil ich keine Aussicht auf Erfolg zu haben glaubte. Aber wenn ich mich auch weigern konnte, auf Mutter zu hören, so konnte ich doch nichts ablehnen, was es auch immer sei, was mein „Schwarm“ von mir verlangte. Und als Mutter ihr von dem Wettbewerb erzählte und ihr das Bild zeigte, das ich angetuscht hatte, sagte Miß Delahunt, ich solle mich unverzüglich bewerben. Das war für mich ein Befehl.

Ich überarbeitete das Bild noch sorgfältiger, fügte hier und dort ein paar Farbtöne hinzu und gab dem Ganzen etwas mehr Glanz. Dann bat ich Mutter, es zu versiegeln, zu frankieren und am nächsten Tag an die Zeitungsredaktion zu schicken.

Ich hielt das alles wirklich nur für Zeitvergeudung, und bald dachte ich nicht mehr daran. Ich hatte nicht die geringste Hoffnung, auch nur einen der kleinen Trostpreise zu gewinnen. Die ganze Woche lang arbeitete ich einfach in meiner üblichen Malweise weiter und war glücklich, daß ich wenigstens Miß Delahunt erfreut hatte, indem ich das tat, was sie verlangt hatte, obwohl ich glaubte, es sei nutzlos.

Dann klopfte es am nächsten Freitagmorgen an der Vordertür. Mutter war in der Kammer mit Wäschewaschen beschäftigt und kam mit schaumbedeckten Händen herein, um die Tür zu öffnen. Zufällig saß ich um diese Stunde auf dem großen runden Tisch in der Küche und malte, all meine Farben und Pinsel lagen um mich herum. Dieser Arbeitsplatz war für mich ungewöhnlich, denn ich malte lieber oben im Schlafzimmer, wo ich allein sein konnte. Aber an jenem Morgen hatte ich beschlossen, nur einfach zur Abwechselung einmal in der Küche zu malen.

Mutter öffnete die Tür und fand dort einen Reporter vor, der zusammen mit einem Photographen von der Independant gekommen war, um mich zu besuchen. Es stellte sich heraus, daß Miß Delahunt ohne mein Wissen zu den Zeitungsleuten gegangen war und ihnen erzählt hatte, daß eines von den ihrer Redaktion eingesandten Bildern von einem Knaben angefertigt worden sei, der mit seinen Zehen male. Man war ein wenig mißtrauisch gewesen und hatte beschlossen, einen der Reporter auszusenden, um den Fall zu prüfen und um zu sehen, was an der Sache dran war.

Als Reporter und Photograph in die Küche kamen, machte ich gerade die letzten Pinselstriche von einer tropischen Südseeinsel in einer blauen Lagune, mit allem, was dazugehört: wedelnde Palmen und goldbraune Gestade. Als ich hörte, daß die Tür geöffnet wurde, schaute ich auf: die beiden Zeitungsmänner standen da und starrten mich über den Raum hinweg an, Mutter stand ein wenig hinter ihnen. Ich wurde verwirrt und malte schnell weiter.

„Es stimmt!“ hörte ich einen von ihnen in einem gewissen ehrfurchtsvollen Flüstern ausrufen..

Die beiden wurden dann von Mutter zu mir herübergeleitet, und ich erfuhr, wer sie waren.

„Wir wollten es kaum glauben, Mrs. Brown“, sagten sie, „aber jetzt ...“

Sie stellten noch viele Fragen an Mutter über mich, und als sie ihnen meine kleine Geschichte bis zu diesem Zeitpunkt erzählte, wurden sie noch ungläubiger als zuvor. Während der ganzen Zeit malte ich still weiter und versuchte so ruhig zu sein, wie ich nur konnte. Schließlich photographierten sie mich, wie ich mit einem Pinsel zwischen meinen Zehen und einer Staffelei vor mir auf dem Tisch saß. Diese Staffelei hatte mir ein Freund vor ein paar Monaten geschenkt. Sie war sehr praktisch, aber ich malte viel lieber auf dem Fußboden, und die Staffelei wurde nur für diese besondere Gelegenheit aufgestellt, damit ich mehr wie ein Künstler aussehe. Es war die erste Photographie, die von mir gemacht wurde.

Am nächsten Sonntagmorgen lag ich behaglich mit Peter im Bett, halb noch im Schlaf und halb schon wach, als Vater die Treppe heraufgerannt kam, ins Zimmer stürzte und mich in sitzende Stellung zog. „Schau her – schau!“ sagte er, indem er mit einem Exemplar der Sunday

Independant vor meinem Gesicht hin und her fuchtelte. „Sieh – du hast gewonnen."
So war es. Dort auf dem mittelsten Blatt befand sich die Photographie, die sie am vergangenen Freitag von mir gemacht hatten. Darauf war ein kleiner Knabe in kurzen Hosen zu sehen, seine dünnen Beine waren eins unter das andere gelegt, seine Augenbrauen ziemlich wichtigtuerisch in die Höhe gezogen, und eine verkrümmte Hand hielt er fest an seine Seite gedrückt, um ihre dauernden Bewegungen zu vermeiden.
Ich wurde in die Küche hinuntergebracht, wo die ganze Familie beim Frühstück saß und sich aufgeregt über meinen Erfolg unterhielt. Als mein Vater mich hereintrug, hörten alle sofort auf zu sprechen. Mutter stellte die Teekanne, die sie in der Hand hielt, beiseite und ging auf mich zu, während Vater mich in seinen Armen hielt.
„Siehst du, man soll niemals aufhören zu versuchen, Chris", sagte sie, indem sie mich küßte.
Und mein „Schwarm"? Auch sie kam später am Tage. Sie nahm meine Hand in die ihre, küßte mich auf die Stirn und sagte, sie sei stolz auf mich.
Mein linker Fuß und ich hatten es wieder einmal geschafft.

Ein mitleidiger Blick

Dreizehn – und immer noch ganz und gar der kleine Künstler, der den Weg zu sich selber noch nicht gefunden hatte und auch seine eigenen Fähigkeiten noch nicht genügend beurteilen konnte, um sie zu gebrauchen. Malen bedeutete jetzt alles für mich. Durch meine Malerei lernte ich, mich auf mannigfaltige Weise auszudrücken. Durch sie konnte ich alles, was ich sah und fühlte, deutlich machen, alles, was in meiner Seele vorging, die in meinem nutzlosen Körper wohnte wie ein Gefangener in

einer Zelle, und in eine Welt hinausschauen, die für mich noch nicht Wirklichkeit geworden war.
Ich sah mehr mit meinem Geist als mit meinen Augen. Ich saß manchmal stundenlang allein in meinem Schlafzimmer, ich malte nicht und tat auch sonst nichts, ich saß nur da und starrte in meine eigene Welt, weit fort und jenseits all dessen, was mein gewöhnliches Leben ausmachte. Wenn ich mich in einen solchen Tagtraum hineinbegab, vergaß ich alles andere: die lauten Stimmen in der stickigen kleinen Küche unten ... Peter, der auf der Schwelle Mundharmonika zu spielen versuchte ... das Ertönen von Jazzmusik, die unten vom Radio heraufklang... die hohe schrille Stimme des Lumpensammlers draußen auf der Straße ... Sie alle verschmolzen miteinander und verloren sich in einem einzigen verworrenen, ineinanderfließenden Lärm. Dann hörte ich nach und nach gar nichts mehr und sah auch nichts mehr. Ich saß nur einfach da und dachte ... Ich ging jetzt überhaupt nicht mehr aus. Ich hatte schon eine ganze Zeit vorher aufgehört auszugehen. Ich spielte nicht einmal mehr im Hause mit meinen Brüdern. Das bereitete ihnen zunächst Kopfzerbrechen, aber langsam begannen sie sich mit dieser neuen Art unserer Beziehung abzufinden. Natürlich wurde ich für die übrige Familie kein Fremder, denn das war unmöglich, weil wir zu so vielen alle zusammen im gleichen Hause wohnten; jeder war sozusagen ein Teil eines jeden anderen. Aber ich war dazu übergegangen, mehr in meinem eigenen Ich zu leben. Ich lebte *mit* den anderen, aber zur gleichen Zeit lebte ich *getrennt* von ihnen, getrennt von allem, was ihnen am meisten bedeutete. Ich war glücklich mit mir allein, aber ich wußte damals nicht, wie weit ich in Wirklichkeit noch davon entfernt war, mir selbst genug zu sein.
Wie zurückgezogen ich auch von dem normalen Leben eines Knaben sein mochte, von dem Leben auf den Straßen und Gäßchen, so erkannte ich doch, daß mein Herz

an Wachstum und Entwicklung meinem Körper meilenweit voraus war. Ich verlor mein Herz noch einmal, und zwar diesmal voll und ganz. Ein neuer „Schwarm" war in Erscheinung getreten, nicht so groß und so schön wie mein früherer, dafür aber mehr meinem Alter angemessen. Sie hieß Jenny. Sie wohnte ein paar Häuser von uns entfernt. Sie war klein, tatkräftig, fröhlich, eine Menge brauner Locken umrahmte ihr hübsches, elfengleiches Gesicht mit seinen lebhaften grünen Augen und aufgeworfenen Lippen. Leider war Jenny kokett; sie brachte es fertig, allen Jungen unserer Straße den Kopf zu verdrehen: Sie brauchte nur ihre hübschen Augen entsprechend zu benutzen. Sie waren alle verrückt nach ihr, und es gab manche Keilerei, wenn sie zu erörten begannen, wer sie heiraten würde, wenn sie erwachsene Männer sein würden.

Ich ging nicht mehr hinaus, aber das hinderte mich nicht daran, Jenny zu sehen. Ich verehrte sie aus der Ferne, das heißt von meinem Schlafzimmerfenster aus. Ich wurde darüber faul im Malen, denn ich brauchte nur Jennys Stimme unten auf der Straße zu hören, und schon kroch ich zum Fenster hinüber, saß auf dem Bett und verfolgte sie mit meinen Blicken, wenn sie mit den anderen Mädchen, von denen ich überhaupt keine Notiz nahm, umherlief und herumsprang. Eines Tages schaute sie zu mir herauf, als ich oben hockend auf sie hinabblickte. Ich fühlte, wie mein Gesicht heiß wurde und wollte mich zurückziehen, aber in diesem Augenblick lächelte sie. Es gelang mir zurückzulächeln, da warf sie mir eine Kußhand zu. Ich wollte meinen Augen kaum trauen, als sie das tat, aber sie wiederholte es noch einmal, ehe sie durch die Straße davonlief, ihre dunklen Locken flogen, und ihr weißes Kleid flatterte im Winde.

An jenem Abend riß ich ein Blatt aus einem alten Notizbuch und schrieb, den Bleistift in meinen zitternden Zehen haltend, eine leidenschaftliche kleine Mitteilung an

Jenny. Dann beauftragte ich einen meiner jüngeren Brüder damit, ihr das Briefchen auszuhändigen, und ich drohte ihm dabei mit meinem Fuß, er dürfe es nur Jenny selber übergeben. Ich schrieb ihr in diesem Briefchen, daß ich sie für das hübscheste Mädchen unserer Straße hielte und viele Bilder für sie malen wolle, wenn sie es mir erlauben würde. Dann sagte ich ihr noch in einem eiligen Postskriptum, daß ich sie „viel tausendmal" liebte.

Voller Erregung und Furcht wartete ich auf die Rückkehr meines Bruders und wagte nicht zu hoffen, daß Jenny antworten würde. Nach einer halben Stunde kam er zurück – mit einer Mitteilung von ihr unter seinem Pullover!

Ich nahm den Zettel und las ihn begierig, ich vergaß völlig meinen Bruder, der neben mir stand und mich auf merkwürdige Art anglotzte, so als dächte er, ich sei verrückt geworden oder sonst etwas. Ich las Jennys kleinen Brief immer und immer wieder, besonders die Stelle, wo sie sagte, sie wolle am nächsten Tage herüberkommen und mich in meinem Hinterhof besuchen, wenn ich das gern möchte. In meinem Innern entstand ein seltsames Beben und in meinem Kopf eine Leere. Mir wurde abwechselnd heiß und kalt. Nach einem Weilchen blickte ich auf. Mein Bruder stand immer noch da mit auf dem Rücken verschränkten Händen und offenem Mund, der Blick seiner großen blauen Augen war bestürzt, als er ihn auf mein Gesicht heftete. Ich brüllte ihn an, er solle „sich aus dem Staube machen", da rannte er aus dem Zimmer wie ein aufgescheuchtes Kaninchen. Nun warf ich mich auf Kissen zurück und seufzte, mein Herz klopfte wie wahnsinnig. Am nächsten Tag war ich pünktlich zur Stelle, sehr sauber und „fein gemacht" mit Tonys prächtiger Haarpomade, die richtiggehend auf meine Stirn herabtropfte. Die kleine Jenny war sehr lieb. Wir setzten uns und schauten einige meiner Bilder an, und sie stieß bei jedem Bild, das ich zeigte, einen kleinen

Schrei der Bewunderung aus. Anfangs war ich schüchtern und fühlte mich unbeholfen wegen meiner undeutlichen Sprache und der Art, wie ich meinen Fuß an Stelle meiner Hände gebrauchte. Aber Jenny war entweder ein sehr einfältiges Wesen oder sehr taktvoll, denn sie schien nichts Absonderliches an mir wahrzunehmen, sondern sie sprach fröhlich weiter mit mir über Spiele und Gesellschaften und über den Jungen von nebenan, ganz so als wäre ich Peter oder Paddy. Dafür schenkte ich ihr meine Liebe.

Wir wurden dicke Freunde, Jenny und ich. Wir sprachen niemals viel miteinander, aber wir tauschten jede Woche unzählige kleine Zettel aus, und jeden Sonnabend stahl sie sich davon, um mich zu besuchen, und sie brachte mir kleine Bücher und Zeitschriften, die ich zwar niemals las, aber sehr hochschätzte, und ich verstaute sie alle in dem alten wurmzerfressenen Schrank in meinem Schlafzimmer. Insgeheim war ich stolz darauf, daß ich, ein Krüppel, mit dem hübschesten und begehrtesten Mädchen unserer Nachbarschaft befreundet war. Oft hörte ich Peter mit Nachdruck sagen, Jenny sei ein „Prachtmädel" und er wolle alles daransetzen, um ihr bevorzugter Verehrer zu werden. Jedesmal, wenn ich das hörte, war ich sehr stolz auf mich und fühlte mich ungeheuer geschmeichelt, denn ich hielt mich nun für einen richtigen Eroberer, weil nicht ich Jenny besuchen ging, sondern Jenny mich besuchen kam! Peter wurde mißtrauisch, und eines Sonnabends überraschte er Jenny und mich, als wir im Hinterhof zusammensaßen. Unsere Köpfe steckten sehr eng beieinander, obwohl wir nur ein altes Geschichtenbuch betrachteten, das Jenny mitgebracht hatte. Ich bekam ein rotes Gesicht, aber Jenny rührte sich nicht. Sie hob nur ihren Kopf, lächelte meinen Bruder kurz an und neigte sich wieder über das Buch. Peter warf mir einen mörderischen Blick zu, ging ins Haus und knallte die Tür hinter sich zu.

An jenem Abend saß Jenny, ehe sie fortging, sehr still da. Sie spielte müßig mit dem Buch, ihre Stirn war leicht gerunzelt und ihre Unterlippe vorgeschoben, – so sah sie immer aus, wenn sie etwas Schwieriges sagen wollte. Nach einem Weilchen stand sie auf, zögerte, kniete dann plötzlich im Grase neben mir nieder und küßte mich sehr zärtlich auf die Stirn. Überrascht und verwirrt schreckte ich zurück, denn zuvor hatte sie mich noch niemals geküßt.

Ich öffnete den Mund, um zu versuchen, etwas zu sagen, aber in diesem Augenblick sprang Jenny auf ihre Füße, ihr Gesicht war gerötet, und in ihren Augen standen Tränen. So stürzte sie aus dem Garten, und ihre kleinen schwarzen Schuhe klapperten geräuschvoll, als sie den Steinweg hinablief und in der Straße verschwand. Danach kam sie wochenlang nicht mehr, und ich hörte auch nichts von ihr, obwohl ich sie reichlich mit Briefen bombardierte. Inzwischen versuchte Peter, mich abzuschrekken, indem er mir viele böswillige Geschichten über die arme kleine Jenny erzählte, aber ich glaubte ihm kein Wort, auch dann, nicht, als er mir erzählte, daß sie sich von jedem der Jungen für jeden Kuß, den sie ihnen gab, einen Penny bezahlen lasse.

„Und deshalb bin ich dauernd pleite!" sagte er kummervoll, die Hände in seinen leeren Taschen vergrabend.

Ich saß nachts oft aufrecht in meinem Bett und dachte an Jenny und daran, wie sie mich an jenem Tage im Garten hinter dem Haus geküßt hatte. Mir war sehr traurig und einsam zumute. Warum kommt sie nicht, fragte ich mich, als ich mich ruhelos im Dunkel hin- und herwarf und Peter neben mir behaglich schnarchen hörte.

Mein vierzehnter Geburtstag war gekommen, und unter den Geburtstagskarten, die ich an jenem Morgen erhielt, war auch eine, die in einer kleinen kindlichen Handschrift, der Handschrift Jennys, geschrieben war: aber trotzdem kam sie mich niemals besuchen. Oft sah ich sie von meinem Schlafzimmerfenster aus unten auf der Straße spielen, aber ihre Augen blieben von unserem Hause abgewandt, und sie blickte niemals auch nur einmal hinauf. Ich saß dann stundenlang am Fenster in der Hoffnung, sie würde zu mir heraufschauen, bis die Dämmerung hereinbrach, alles dunkel wurde und ich nichts mehr erkennen konnte außer dem matten Weiß ihres Rocks, wenn sie mit den anderen Mädchen durch die Straße eilte und eine lachende Schar von Jungen hinter ihnen herlief.

Um meine Enttäuschung zu verbergen, malte ich während der ganzen Tage wild drauflos, ich malte alberne kleine Bilder, die weder ein Motiv noch einen Inhalt hatten. Es waren nur wahllos herausgerissene Fetzen meiner brodelnden Seele, deren Abbild wüst und ohne Sorgfalt zu Papier gebracht war. Dann hörte ich eines Tages, als ich verzweifelt, mit dem Rücken gegen eine Seifenkiste gelehnt, im Hinterhof saß, einen Schritt in der Nähe. Müde blickte ich auf ... Es war J e n n y ! Sie stand wenige Fuß entfernt am Eingang zum Hof, ihre schlanke kindliche Gestalt hob sich von der weißen Wand ab, strahlend hell in der Junisonne, während ihr Schatten in einem Knick auf den warmen Steinboden fiel. Sie schaute zu mir herüber, aber – es war ein B l i c k d e s M i t l e i d s . Ich erfuhr damals, wie ich es später oftmals erlebte, wie bitter und vernichtend ein Blick des Mitleids für jemanden wie mich sein kann, für jemanden, der etwas anderes braucht als Mitgefühl – die stärkende Kraft, die nur echte menschliche Zuneigung dem schwächsten Herzen zu schenken vermag.

Ich ließ unter ihrem mitleidigen Blick meinen Kopf sinken, und ohne daß ein Wort von einem von uns beiden gesprochen wurde, wandte Jenny sich langsam um, ging über den Hof und überließ mich mir selber.

Danach wurde ich ein anderer. Für ein paar glückselige Wochen hatte ich mir zu träumen erlaubt, ich sei ein normaler, gewöhnlicher Junge von vierzehn Jahren, der von sich glaubte, er sei verliebt in das entzückendste Mädchen der ganzen Nachbarschaft und der töricht und eitel genug war, zu glauben, daß auch sie ihn liebe. Nun hatte es mit diesen Selbsttäuschungen ein Ende. Aber am bittersten von allem war die Erkenntnis, daß ich mich selber soweit überlistet hatte, glauben zu können, mein jammervoller Zustand sei ohne Bedeutung, meine „Absonderlichkeit“ sei nur eine persönliche Voreingenommenheit, die sonst niemand beachte. Jetzt erkannte ich, was für ein Dummkopf ich gewesen war, mich selber so trefflich zum Narren zu halten.

Über der Erregung, Miss Delahunt zu begegnen, über dem neuen Erlebnis des Malens und über der träumerischen Schwärmerei, von der Jennys Erscheinen begleitet war, hatte ich mich selber beinahe ganz vergessen. Ich war zu dem Glauben gelangt, außer in meiner eigenen Vorstellung bestünde kein „Unterschied“ zwischen mir und anderen Menschen. Es war ein großes Vergnügen, mich an eine solche Traumwelt, an solch ein unmögliches Paradies zu verlieren. Es war eine reine Freude, meine Augen gegen jede unangenehme Tatsache über mich selber blindzumachen, und sei es auch nur für wenige kurze Wochen. Aber – es machte die Rückkehr in die Wirklichkeit nur um so gewaltsamer und bitterer.

Auch das Leben zu Hause veränderte sich. Es schien mir, als wären alle auf einmal erwachsen geworden. Es war ein schwerer Schlag für mich, erkennen zu müssen, daß Jim und Tony jetzt Männer waren. Jim, dieser stille Knabe, über den jeder sich lustig gemacht hatte wegen seiner mädchenhaften Weichheit und weil es seine Art war, sich alles leicht und bequem zu machen. Und Tony, der verwegene Teufel, der immer eine gewisse Überlegenheit über alle zu Hause besaß, denn er hatte sich niemals gescheut, beim geringsten Anlaß seine Fäuste sprechen zu lassen. Lily war nicht mehr die kleine dunkelhaarige Schwester, die mich oft am Sonntagmorgen an den Ufern des Kanals spazierengefahren und Pennies auf meine Augen gelegt hatte, damit ich einschliefe. Sie war plötzlich eine Frau geworden, sie war verlobt und sollte heiraten. Paddy war kein Schulknabe mehr in kurzen Hosen, aus dessen Hosentasche ein Katapult herausstak, sondern er war ein Maurerlehrling, der jeden Freitagabend voller Stolz mit seiner Lohntüte hereinmarschierte und sie mit großem Pomp der Mutter überreichte, Stiefel und Arbeitsanzug waren mit Staub und Mörtel beschmutzt. Mona, einst ein dralles, seidenhaariges Mädelchen mit Pausbacken und Patschhändchen, hatte sich in eine hübsche junge Dame von siebzehn Jahren verwandelt, mit Lippenstift und Puder und ungeheuer hohen Absätzen, die fast jeden Abend ein anderes „Stelldichein“ hatte und nichts lieber tat als tanzen zu gehen.

Peter war ein Jahr jünger als ich, und ich hatte ihn immer als meinen Lieblingsbruder angesehen, denn wir konnten uns, weil wir beinahe gleichaltrig waren, ungehemmt verprügeln und zanken, so daß er mich besser kennenlernen konnte als einer der andern. Aber in meinen Augen hatte sogar er sich verändert; er war in lange Hosen hineingewachsen und wurde dadurch ein anderer Mensch, ein wenig würdevoller und deshalb viel unzugänglicher.

Mit meinen jüngeren Geschwistern schien mich kein Bindeglied, überhaupt nichts Gemeinsames zu verknüpfen. Sie mußten ihre eigene Kindheit durchleben und eigene Freundschaften schließen, genau so, wie ich es einst getan hatte. Sie alle waren gute Kinder, aber sie schienen durch ihren verkrüppelten Bruder ein wenig eingeschüchtert zu sein und sich gleichzeitig wohl mehr oder weniger unbewußt vor ihm zu fürchten. Sie kannten mich sehr wenig, weil ich den ganzen Tag in meinem Schlafzimmer malte und, außer den Sonntagen, wenig von ihnen zu sehen bekam. An den Sonntagen pflegte ich auf dem Sofa in der

Küche zu sitzen und die Sonntagszeitungen durchzusehen, ehe ich am Radio die Messe hörte, und selbst dann sprach ich nicht viel mit ihnen, teils, weil ich ja nicht besonders gut sprechen konnte, aber hauptsächlich deshalb, weil ich ihnen nicht viel zu sagen hatte.

Ehe ich daran gedacht hatte, war mein fünfzehnter Geburtstag herangekommen. Mutter richtete es ein, eine Gesellschaft zu geben. Es war eine fröhliche Veranstaltung, und viele meiner alten Freunde erschienen. Ohne mein Wissen hatte meine Schwester Mona auch Jenny eingeladen, und sie kam. Aber sie war nicht die kleine sommersprossige Jenny, wie ich sie während unserer Hinterhofromanze gekannt hatte, sondern eine anmutige, freundliche Sechzehnjährige, ein lächelndes junges Mädchen in einem grauen Atlasrock mit polierten Fingernägeln und wohlriechendem, dunklem Haar. Ich blickte sie über den Tisch hinweg an, und unsere Augen begegneten sich. Aber das wenige an Ähnlichkeit, was von der alten Jenny noch vorhanden war, verschwand im nächsten Augenblick, als sie zu mir herüberkam und ohne das geringste Anzeichen eines Zögerns oder von Scheu meine Hand ergriff.

„Guten Tag, Christy – geht's gut?" fragte sie mich in halb fröhlichem, halb besänftigendem Ton. „Ja, ja, schon gut, rege dich nicht auf", sagte sie beschwichtigend, als ich mich bemühte, etwas zu äußern. Dafür haßte ich sie beinahe.

Als die kleine Gesellschaft ein Ende fand und alle gegangen waren, fragte Mutter mich, ob es mir gefallen habe. Ich sagte, ja. Es war eine Lüge, denn mein Kopf schmerzte arg, aber schlimmer als die Kopfschmerzen, schlimmer als alles andere war das schwere Herzeleid, das ich empfand, als ich mich abends zum Schlafen niederlegte.

Ich wußte, ich war nun kein Kind mehr, aber ich war auch nicht „erwachsen". Ich befand mich in einem Schwebezustand zwischen der glücklichen Ahnungslosigkeit der Kindheit und dem Schmerz des erwachenden Bewußtseins und der bitteren Erkenntnisse des Jünglingsalters. Ich sehnte mich danach, unwissend und glücklich zu sein wie zuvor. Aber ich wußte, die Kindheit war zu Ende. Ich hatte die Hoffnungslosigkeit und Nutzlosigkeit meiner Zukunft an jenem Tag im Hinterhof erkannt, als ein Kind mich anschaute mit einem Blick des Mitleids in seinen Augen.

Gefängnismauern

Ich konnte nun nicht mehr länger vor mir selber davonlaufen, ich war zu groß geworden. Während die Familie allmählich heranwuchs und alle – jedenfalls für mich – zu fremden Erwachsenen wurden, die für sich selber sorgten, mußte ich an jedem Tag, der verging, auf tausendfältige Weise, einmal deutlich, einmal weniger deutlich, die Beschränkungen, die Inhaltslosigkeit, die schreckliche Enge meiner eigenen Existenz erkennen und fühlen. Überall ringsumher sah ich Beweise von Tatkraft, von Streben, von Wachstum. Jeder hatte etwas zu tun, etwas, womit er sich beschäftigen und seinen Geist und seine Hände betätigen konnte. Sie hatten Interessen, Arbeitsgebiete und Ziele, um aus ihrem Leben ein in sich gefestigtes Ganzes zu machen und ihren Energien einen natürlichen Wirkungsbereich, eine natürliche Ausdrucksmöglichkeit zu verschaffen. Ich hatte nur meinen linken Fuß.
Mein Leben schien nichts weiter als ein dunkler, stickiger kleiner Winkel zu sein, in dem ich mit meinem der Wand zugekehrten Gesicht liegengeblieben war; von hier aus vernahm ich alle Geräusche und die Regsamkeit der großen Welt draußen und war doch außerstande, mich zu bewegen; ich konnte nicht hinausgehen und meinen Platz in der Welt ausfüllen, wie meine Brüder und meine Schwestern und alle anderen, die ich kannte. Mir war so, als bewege ich mich nur in einer Grube, immer dasselbe

denkend, dasselbe fühlend, dasselbe fürchtend. Ich war eingeschlossen, abgeschnitten, zugestöpselt wie eine Flasche. Es war mir nichts geblieben als nur fruchtlose Versuche und belanglose, eingeengte Gedanken.

Mutter war immer ein reicher Quell von Anregungen für mich gewesen, aber jetzt vertrugen wir uns nicht immer. Wir hatten manchen Hader miteinander, das einzige, was ich deutlich und ohne Schwierigkeiten aussprechen konnte war „Scher dich zum Teufel", und ich sagte es manchmal zu Mutter, wenn wir eine unserer Zwistigkeiten ausfochten und ich gereizt war.

Um meine Sprache war es schlecht bestellt, sie klang sonderbar und war nur ein Stammeln, aber ich brauchte keine Worte, um Mutter wissen zu lassen, was in mir vorging. Ich glaube, sie konnte beinahe meine Gedanken lesen. Es bestand ein gewisses merkwürdiges, fast unheimliches Bindeglied zwischen uns; es konnte geschehen, daß der eine vor Schmerz zusammenzuckte, wenn der andere einen Schmerz fühlte, so wie zwei abgehackte Glieder einer Spinne sich bewegen und zappeln, solange in einem von ihnen noch Leben ist, selbst wenn sie meilenweit voneinander entfernt sind.

Mutter wußte, daß ich unter Entwicklungsstörungen litt und daß ich die Rolle, die mir im Leben zugewiesen war, schmerzlicher empfand, je älter ich wurde, und sie trachtete danach, diese Wirklichkeit ein wenig zu mildern, etwas von ihrer eigenen Stärke und Geisteskraft auf mich zu übertragen, sei es auch nur, indem sie mir zeigte, daß ich nicht allein war, daß sie Bescheid wußte. Sie war mehr als eine Mutter für mich; sie war ein Waffenbruder.

Katriona Delahunt war auch eine große Hilfe. Sie sprach zu meinem jugendlichen Geist von so schönen und erhabenen Dingen, daß ich manchmal daran zweifelte, ob sie selber der Wirklichkeit angehöre, ob sie nicht eine liebliche Sinnestäuschung oder Erscheinung sei, die plötzlich entschwinden würde.

Aber ich wußte, daß sie der Wirklichkeit angehörte, wenn ich ihre Stimme an meinen Ohren vernahm, wenn ich das Licht in ihrem braunen Haar schimmern sah und ihre lächelnden Augen, die mich anschauten, wenn ich dasaß und eines meiner Bilder malte, um es ihr zu schenken. Nein, sie war kein Traum von mir, sondern eine schöne Wirklichkeit.

Ich malte weiter an meinen kleinen Aquarellen, ich malte Dinge, die ich niemals gesehen hatte, die nur in meiner Vorstellungswelt lebten, Landschaften, dörfliche Szenen, Schiffe, Bäume neben einem Teich in einem Park und so weiter. Aber jetzt war sogar das Malen anders geworden, ebenso wie auch sonst alles. Es konnte mich nicht mehr befriedigen. Ich malte noch g e r n , aber ich hatte aufgehört, das Malen zu l i e b e n. Es lebte etwas in mir, eine neue Tatkraft, eines neues Bedürfnis, etwas, was sich nicht zum Ausdruck bringen ließ, indem ich einfach leuchtendes Rot und Gelb und düsteres Braun aufs Papier setzte und zu einem Bilde zusammenfügte. Ich brauchte mehr zusätzliche Werkzeuge, um mich verständlich zu machen. Mein Geist war gewachsen und der Spielraum meiner Malkunst war zu einem winzigen Pünktchen zusammengeschrumpft. Ich wurde jeden Tag verzweifelter. Mit meinen Lippen konnte ich nicht sprechen, und jetzt erkannte ich, daß ich auch nicht durch die Malerei sprechen konnte; mir war, als ersticke ich langsam.

Ich erinnerte mich daran, wie traurig ich als Kind gewesen war, als ich zum erstenmal entdeckt hatte, daß ich anders war als andere Menschen. Damals hatte ich gedacht, die Welt habe aufgehört, für mich zu existieren. Aber jetzt erst begann ich, die volle Bedeutung dieses „Andersseins“ zu empfinden, seinen wahren Sinn. Als Kind hatte ich bitterlich geweint, als ich mir meiner Krüppelhaftigkeit bewußt wurde. Jetzt weinte ich nicht

– Trost der Tränen war mir versagt. Meine ganze Qual lag in mir verschlossen.

Eines Tages kroch ich in einem Anfall von Verzweiflung, geängstigt und verwirrt von allem, was in mir vorging, die Treppe hinauf in mein Schlafzimmer und riegelte die Tür zu. Dann nahm ich Bleistift und Papier aus meiner Schachtel, setzte mich aufs Bett und fing an zu schreiben; ich hatte an jenem Tage beschlossen, „mit mir Schluß zu machen“, indem ich mich aus dem Schlafzimmerfenster auf den zementierten Hof hinabstürzte. Aber bevor ich es tat, wollte ich ein „Geständnis“ schreiben, so etwas wie „Letzter Wille und Vermächtnis“. In diesem Gefühl der Erhabenheit ergriff ich den Bleistift und machte einen großartigen Anfang.

„An alle, die es angeht – und da ich jedoch weiß, daß es niemanden interessiert ...“

Das war eine prächtige Einleitung, dachte ich. Ich beendete diese Mitteilung, faltete sie schön zusammen und ließ sie auf dem Kissen liegen. Dann kroch ich näher ans Fenster, öffnete es mit meinem linken Fuß und blickte hinaus; ich hatte vorher nicht gedacht, daß unser Haus so hoch sei, es sah aus, als liege der Steinboden tausend Fuß unter Fensterhöhe, obwohl er in Wirklichkeit nur ungefähr zwölf Fuß tief lag. Es war ein kalter Tag, und der Wind wehte heftig. Ich fühlte ihn mein Gesicht peitschen, als ich hinausblickte, so daß ich kaum atmen konnte. Ich streckte ein Bein hinaus. Dann dachte ich daran, wie Peter und ich als Kinder an Sommerabenden im Garten hinter dem Hause mit unseren Bleisoldaten gespielt und uns in dem hohen Gras behutsam und mutig an den Feind herangepirscht hatten ... Jetzt wappnete ich mich mit neuer Tapferkeit und streckte mein anderes Bein hinaus. Dann erinnerte ich mich ohne jeden Grund an jenen Weihnachtstag, an dem mein armer Vater den Nikolaus gespielt hatte und unter seiner Last kaum aufrecht gehen konnte und wie er dann im Dunkeln über Paddys Stiefel gefallen war; alle Spielsachen lagen um ihn herum auf dem Fußboden verstreut, und da hatte er plötzlich „Kathleen Mavourneen!“ zu singen begonnen ... Ich holte tief Atem und zog mich in die Höhe, so daß ich nun tatsächlich auf dem Fensterbrett saß und meine Füße im Freien baumelten. Ich schloß die Augen ... Es würde ein scheußlich tiefer Fall sein, aber ich wollte es wagen; nichts konnte mich jetzt zurückhalten. Dann dachte ich an Katriona Delahunt ... Ich kletterte wieder vom Fenster herab und begann, wie ein kleines Kind zu weinen.

Ich war jetzt sechzehn Jahre alt. Lily hatte geheiratet, ebenso Tony, und zwar nach einer stürmischen Romanze. Als nächster sollte Jim in den Ehestand treten, und ich hatte Paddy im Verdacht, daß auch er auf Freiersfüßen ging, weil er Peter auf besonders gewichtige Weise darüber Vorträge hielt, wie man mit der schwierigen Aufgabe fertig würde, Freundinnen zu erobern, obgleich Peter mit geschwellter Brust wiederum Paddy zu verstehen gab, daß er ihm auf diesem Gebiet selber einige praktische Winke geben könne. Mona ging jeden Abend tanzen und stand fast immer mit Vater auf Kriegsfuß, weil sie ihm darin nicht Recht gab, daß elf Uhr abends für ihr Unterwegssein spät genug sei. Oftmals war sie zu später Stunde nach Hause gekommen, hatte geräuschlos die Flurtür geöffnet, ihre Schuhe mit den hohen Absätzen ausgezogen und war auf ihren mit Nylonstrümpfen bekleideten Füßen leise wie eine Katze die Treppe hinaufgegangen, mit dem Erfolg, auf dem Treppenabsatz von Vater abgefangen zu werden!

Ein Jahr danach war Peter mit der Schule fertig und begann, ebenfalls als Maurer zu arbeiten, er war Lehrling bei Jim. Vater war fest entschlossen, alle seine Söhne wie er Maurer werden zu lassen. Er hielt sich gar nicht erst damit auf zu überlegen, ob sie vielleicht daran gedacht hätten, einen anderen Beruf zu ergreifen. Bisher hatte er

Erfolg gehabt, denn Jim, Tony, Paddy und Peter waren jetzt alle Maurer und verdienten gut.
„Er würde den besten Maurer von euch allen abgeben", pflegte Vater zu sagen, wenn er ein bißchen „benebelt" war, und er zeigte vor allen anderen auf mich. „Du würdest jetzt durch Häuserbau fünf Pfund die Woche verdienen, Chris, in Arbeitshosen und mit einer guten Maurerkelle in deiner Hand." Ich haßte Maurerarbeit, weil ich keine Maurerarbeit verrichten konnte.
Nach ein paar Monaten übermannte mich ein neues Gefühl – ein schreckliches Gefühl. Ich fühlte mich nicht mehr nur elend und betrübt, sondern auch zurückgesetzt. Ich hegte einen Groll gegenüber der Welt überhaupt und im besonderen deshalb, weil ich einen schiefen Mund, verkrümmte Hände und nutzlose Gliedmaßen hatte. Ich besah mir alles ringsumher, was normal und vollkommen war, und ich fragte mich zum hundertstenmal, warum ich anders beschaffen war, warum man mir dieselben Gefühle, dieselben Bedürfnisse und dasselbe Empfindungsvermögen wie anderen Menschen gegeben hatte, dazu aber einen praktisch zur Untätigkeit verdammten Körper, der mich nicht nur des Rechts beraubte, ein normales Leben zu führen, sondern mich darüber hinaus schon beim Anblick meiner selbst ganz krank machte? Was hatte ich zu erwarten? Was für eine Aussicht hatte ich, jemals etwas anderes zu sein als nur der Krüppel, der mit seinen Zehen malte? Die Menschen dachten immer, es sei erstaunlich, daß ich mit meinen Zehen malen konnte, und sie sagten mir, es sei ein Glück für mich, ja, und ich sei etwas ganz Besonderes. Aber was war denn Großes dabei, daß ich mit meinem linken Fuß malte? Was nützte es, daß man sagte, ich sei etwas ganz Besonderes? Ich wollte nichts Besonderes sein – ich wollte nur ein ganz gewöhnlicher Mensch sein wie jeder andere auch. Gerade weil ich mit meinem linken Fuß das vollführte, was andere mit ihren Händen taten, sagte man, es sei etwas Wunderbares. Viel-

leicht war es das – ich wußte es nicht. Ich benutzte meinen Fuß einfach nur deshalb, weil ich meine Hände nicht gebrauchen konnte, aber ich war nicht stolz darauf oder hielt mich für etwas Besonderes. In Wirklichkeit gebrauchte ich meinen linken Fuß niemals, wenn jemand anwesend war, den ich nicht sehr gut kannte, weil ich mir dann recht albern und armselig vorkam. Es war mir dann immer so, als sei ich ein Affe oder eine Robbe in einer Zirkusvorstellung.

Dann hatte ich eines Tages plötzlich eine Idee. Ich hatte immer gern Briefe geschrieben, meistens natürlich an Katriona Delahunt. Ich erinnere mich noch, daß ich ihr kleine Abhandlungen schrieb, in denen es meistens um Pferde ging, oder es waren Beschreibungen von Mutters letztem Baby. Aber jetzt beschloß ich, etwas Anspruchsvolleres zu versuchen, nicht nur Briefe, sondern Geschichten. Der Gedanke wuchs und wuchs, bis mein Geist ganz von ihm erfüllt war.

Bisher hatte ich nicht viel gelesen. Bücher traten in unserem Hause selten in Erscheinung. Brot wurde für wichtiger gehalten. Unsere Bäuche zu füllen, schien für uns wesentlicher zu sein als der Versuch, den Geist mit Nahrung zu versorgen. Nun wimmelte es aber in meinem Kopf von zahllosen Vorstellungen, die ich mit meinen Farben und Pinseln nicht zum Ausdruck bringen konnte. Der plötzliche Einfall, einmal einen Versuch zu machen, diese Vorstellungen in schriftlicher Form festzuhalten, kam mir, als ich an einem Wintertag auf meinem Bett lag, ein bißchen Stroh zwischen meinen Zehen hielt und damit nichtssagende Muster auf das regennasse Fenster zeichnete.

Sofort besorgte ich mir ein billiges Notizbuch und begann zu schreiben. Ich wußte kaum, was ich eigentlich tat. Ich saß nur einfach da und schrieb alles nieder, was mir gerade in den Kopf kam. Es war ein seltsamer Mischmasch von Worten, Sätzen und Abschnitten, die überhaupt keinen Zusammenhang hatten. Es war so, als mischte ich meine Farben und ließe sie alle zu einem einzigen Farbklecks zusammenfließen. Ich spielte mit Worten wie ein Kind, das von einem neuen Spielzeug begeistert ist, ich schrieb sie aufs Papier und betrachtete sie dann mit einer gewissen Verwunderung. Später begann ich, sie miteinander in Verbindung zu bringen, danach versuchte ich, sie in eine Form zu gießen, so wie ich es mit meinen Farben machte. Schließlich begab ich mich daran, hinter dem Geschriebenen Gedanken auftauchen zu lassen, so daß es nach kurzer Zeit nicht nur bloße Worte darstellte, sondern Ideen, nicht nur unzusammenhängende Gebilde, sondern Begriffe.

Als ich zum erstenmal gelernt hatte, mit meinen Zehen zu schreiben, war ich fünf Jahre alt gewesen, aber ich hatte beinahe bis zu meinem siebzehnten Lebensjahr warten müssen, ehe mir klar wurde, daß mir das Schreiben den Schlüssel zu einer neuen Lebensform schenken könnte, daß ich mit seiner Hilfe in neue Gedankenbereiche vordringen und mir eine Welt aufbauen könnte, in der es mir möglich sein würde, allein, unabhängig von anderen zu leben. Genau so wie Peter und die anderen ihre Häuser aus Ziegeln aufbauten, konnte ich nun – nicht nur ein Haus – nein, eine ganze Welt konnte ich aufbauen, die mir allein gehörte, keine Welt aus Ziegelsteinen und Mörtel, sondern eine großartige neue Welt der Begriffe und Gedanken.

Von nun an wurde Schreiben das einzige, dem mein ganzes Interesse galt. So wie einst der Pinsel mein Zepter gewesen war, so war mein Fuß jetzt selten ohne Bleistift. Ich schrieb Geschichten über den Wilden Westen, in denen gewaltige Körperkräfte und rollende Wagen die Hauptsache waren. Sie entsprangen zum größten Teil den Erinnerungen an die Tage meiner Kindheit im Kino. Die Personen darin waren tabakkauende Männer mit Schießgewehren, die den ganzen Tat tranken, dazu Mädchen mit flotten Figuren und umherschweifenden Augen, die niemals etwas anderes zu tun schienen, als ihre Beine zu zeigen und Gin zu trinken.

Oftmals ließ ich zu Beginn einer Geschichte etwa zwanzig Personen auftreten, aber schon ungefähr in der Mitte geriet ich in Verwirrung und wußte nicht mehr, was ich mit ihnen allen anfangen sollte. So ließ ich sie der Reihe nach totschießen, bis nur noch ungefähr zwei von den Hauptpersonen übrigblieben. Mein Schreibheft wurde häufig zu einem Friedhof.

Dann begann ich gefühlvoll zu werden und schrieb besinnliche, kleine Geschichten über das Thema „Junger Mann und junges Mädchen“. Diese Geschichten waren verträumt und voll von sehnsüchtigen Gedanken, und wenn ich auch den Vorgang des Niederschreibens genoß, so blieb ich danach doch immer traurig und mutlos. Ich mußte immer wieder daran denken, daß ich mir solche Dinge zwar lebhaft genug vorstellen konnte, um darüber zu schreiben, daß ich sie aber in Wirklichkeit niemals selber erleben würde.

Ich versuchte sogar, spannende Detektiv-Geschichten zu schreiben, in denen es von Kugeln und Leichen nur so wimmelte. Immer, wenn ich sehr deprimiert war, griff ich zum Bleistift und schrieb schaurige Schilderungen von verwesenden Leichen, die in Kellern und Bodenkammern gefunden wurden oder von Schreien, die aus feuchten, alten Landhäusern plötzlich durch die Stille der Nacht gellten. Ich schrieb immer schwülstig, und bei jenen frühen Versuchen gab ich mich nicht etwa damit zufrieden, meine Charaktere nur einfach zu „ermorden“, sondern ich ermordete sie auch auf eine möglichst scheußliche Weise. Erschießen genügte nicht, ich zerhackte sie in kleine Stücke und verteilte ihre Überreste an verschiedene Orte. Es war alles sehr blutrünstig.

Ich glaube nicht, daß ich damals glücklich war, aber ich war wenigstens beschäftigt, ich hatte einen Weg gefunden, um die Eintönigkeit der einzelnen Tage zu überbrücken. Es war, als öffne man eine Flasche Ingwer-Bier und lasse alle eingeschlossenen Blasen entweichen. Ich empfand, daß das Leben nicht mehr ganz so verdrießlich geworden war.

Aber was ich auch tat, wohin ich mich auch wandte, immer fühlte ich mich einsam und ruhelos. Es war, als lebte ich in Ketten. Je mehr mein Geist sich entwickelte, um so deutlicher wurde er sich meines Körpers bewußt, so daß schon allein das Wissen um seine Unzulänglichkeit genügte, um ein beinahe körperliches Schmerzgefühl in mir hervorzurufen. So etwas wie einen neuen Tag gab es in meinem Leben nicht – jeder Tag war nur eine Wiederholung des vergangenen Tages, ohne eine Veränderung oder die Hoffnung auf eine Veränderung.

Als ich siebzehn Jahre alt war, schien sich allzuviel auf einmal in mir zusammenzuballen. Mein Gefühlsleben hatte sich zu regen begonnen. Was zuvor bloße kindische Launen gewesen waren, waren jetzt die Nöte eines Erwachsenen. Was zuvor nur bloße Stimmungsschwankungen gewesen waren, war jetzt echte Schwermut. Ich brauchte Freunde, unsentimentale Menschen meines Alters, um mit ihnen Umgang zu pflegen. Wenn ich auch ein Krüppel war und niemals ausging, so sehnte ich mich trotzdem gerade auch nach den Dingen, die das tägliche Leben anderer junger Männer ausfüllten: Fußball, Bierabende und Mädchen. Ein schmerzhafter Stich durchfuhr mein Gemüt, als ich erkannte, daß all die freundschaftlichen Bande, die ich in meiner Kindheit geknüpft hatte, nun zerstört waren, weil sich infolge des Erwachsenseins ein Abgrund aufgetan hatte zwischen mir und den Knaben, mit denen ich einst als Kind gespielt hatte. Eigentlich hätte ich, als ich älter wurde, eine vernünftigere Einstellung zu meinen Leiden finden müssen, aber nun schien es so, als würde ich nur immer noch gequälter und verbitterter.

Und dann zeigte sich der Gipfel allen Unglücks. Als Katriona Delahunt mich eines Tages besuchen kam, sah ich etwas Helles an ihrem Finger glänzen. Sie hatte ihre Hand auf die Lehne eines Stuhles gelegt, der neben dem Küchenfenster in der Sonne stand. Ich schaute noch einmal hin und sah, daß es ein Verlobungsring mit einem Diamanten war. Ich mußte ihn immerzu anstarren. Wenig später streckte sie errötend ihre Hand aus, zeigte meiner Mutter den Ring und fragte, ob er ihr gefalle. Nachdem Mutter sie beglückwünscht hatte, drehte sie sich um und zeigte den Ring mir. Ich grunzte und wandte den Kopf ab.

„Mach kein böses Gesicht", sagte sie, lächelte, wie nur sie lächeln konnte und legte eine Hand auf meine Schulter. „Ich werde dich auch besuchen kommen, wenn ich verheiratet bin."

Einige Monate später wurde sie an einem schönen Junimorgen in der University Church getraut. Meine Mutter fuhr mich in meinem Rollstuhl hin. Viele, viele Freunde waren anwesend. Als sie aus der Kirche trat, sah sie mich, und ein strahlendes Lächeln erleuchtete ihr geliebtes Gesicht. Dem konnte ich nicht widerstehen.

Sie war nun nicht mehr Katriona Delahunt, sondern Mrs. Maguire, ein sehr hübscher Name, aber es dauerte lange, bis ich mich an ihn gewöhnen konnte. Ich lernte Mr. Maguire kennen. Er war freundlich, aber ich war sehr eifersüchtig.

Die Monate gingen dahin. Das Leben zu Hause veränderte sich weiter. Fs schienen jetzt zwei Familien im Hause zu leben, die Geschwister, mit denen zusammen ich aufgewachsen war, und die anderen, die nach uns gekommen waren. Wir bildeten die „ältere" Familie, sie die „jüngere". Mutter sah beinahe noch genau so aus wie einst, als ich noch ein Kind war. Vielleicht war sie ein bißchen rundlicher geworden, und ihr schwarzes Haar zeigte ein paar graue Streifen, aber sie hatte das gleiche Lächeln, die gleichen strahlenden blauen Augen und den behenden Gang. Sie war unverwüstlich. Vater sah sehr viel älter aus. Sein schöner blonder Haarschopf war dahin, und die einzigen Überreste von ihm waren zwei Büschel an seinen Schläfen, die aussahen wie kleine graue Wollknäuel, die man mit Kleister angeklebt hat. Trotzdem war er noch zähe wie eiserne Nägel, er hatte zwei Hände, die knorrig und hart geworden waren vom Steinetragen und dem ständigen Hantieren mit der Maurerkelle. Er mochte uns mitunter anschnauzen, aber ich wußte, daß er gleichzeitig auf uns alle stolz war.

Ich war längst Onkel, denn Lily hatte drei Kinder. Wir neckten sie, indem wir sagten, sie versuche, Mutters Rekord zu brechen.

„Bleibe der Familientradition treu, Lily!“ sagten wir zu ihr. „Halte unsere Ehre hoch!“

Aber selbst, wenn ich mich im Kreise meiner großen Familie befand, fühlte ich mich als Außenstehender, als ein „Ausgestoßener“. Sie waren für mich unerreichbar, ich fand keinen Zugang zu dem Geist, der sie beseelte. In Wirklichkeit hatten sie sich vielleicht gar nicht verändert, aber in meinen Augen waren sie für mich immer unerreichbarer geworden, in immer größere Ferne gerückt. Ich schien jeden Tag weiter und weiter aus ihrem Lebensbereich fortzutreiben. Gerade wenn ich mitten unter ihnen war, empfand ich mehr denn je, wie weit abseits von ihnen ich stand, abseits von allem, wofür sie arbeiteten und woran sie glaubten.

Am Abend meines siebzehnten Geburtstages erhob ich mich von dem Sofa, auf dem ich gelegen hatte, und es gelang mir, mich in den Garten hinter dem Haus zu begeben. Mir war heiß, und ich sehnte mich nach ein wenig frischer Luft. Ich kroch hinaus und setzte mich auf ein abgebrochenes Stück Brett unter einem Baum. Es war Juni, die Luft war von Blumenduft erfüllt. Ich konnte jedes leiseste Geräusch vernehmen, das Zwitschern und die Betriebsamkeit der Vögel in den Zweigen über mir ebenso wie in der Ferne das Autohupen. Der Mondschein zeichnete Muster auf den vor mir liegenden Erdboden, er glitt zwischen den schwankenden Zweigen des verkrüppelten alten Baumes hindurch, unter dem ich saß. Das Fenster in der Rückwand des Hauses bildete ein Viereck gelben Lichts, und der Klang lauter Stimmen drang aus dem Innern der Küche zu mir heraus.

Es war ein schöner Abend, ruhig, sanft und doch voller Leben. Im Mondschein sah alles ganz silbern aus. Ich bildete mir ein, deutlich zu vernehmen, wie die Sterne am dunklen Himmel schimmerten.

Ich saß auf dem zerbrochenen Brett, ich ließ mich von der Stille und dem Frieden des Abends durchdringen. Ich schien in einen vom Monde erhellten Traum zu versinken, weitab von allen Dingen, die mein alltägliches Leben zu einer solchen Hölle machten. Für einen Augenblick war ich glücklich. Dann fiel mir alles wieder ein. Die Zukunft gähnte wie ein schwarzer Abgrund vor mir. Ich fühlte mich in einer Falle gefangen und von Ketten gefesselt.

Was war ich, fragte ich mich, wie ich so dasaß? Der liebe Gott hatte sich mit mir einen seiner Scherze erlaubt. Mein Leben schien sinnlos zu sein, es hatte keinen Zweck und keinen Wert. Ich war ein Gefangener zwischen Kerkerwänden, ich spürte deutlich, wie diese Mauern mich jetzt, je mehr ich heranwuchs, fester umschlossen. Ich sehnte mich danach, frei zu sein; ich sehnte mich danach, die Mauern zu sprengen und zu entfliehen.

Lourdes

Schon von klein auf hörte ich gern Musik. Als Kind pflegte ich lange neben dem Radio zu sitzen, ich lauschte aufmerksam und versuchte herauszufinden, welche Art Musik mich am meisten anzog. Langsam lernte ich genaue

Unterschiede zu machen und kam zu dem Schluß, daß ich gerade jene Musik liebte, die von der restlichen Familie gehaßt wurde und die man sich bei uns niemals anhörte – es war die Sorte Musik, die man, wie ich später erfuhr, „klassische Musik“ nannte. Je älter ich wurde, um so stärker fühlte ich mich zu ihr hingezogen, und wenn Mutter mich dasitzen sah, wie ich verzückt der Sendung eines Orchesterkonzerts oder einer Oper zuhörte, schlug sie die Augen gen Himmel und brummte: „Du mit deiner verrückten Musik!“

Aber die wahre Schönheit der Musik lernte ich erst kennen, als ich eines Tages – ich war gerade in meinem Zimmer mit Schreiben beschäftigt – undeutliche Klänge eines Musikstücks vernahm, die vom Radio unten emporstiegen. Sofort sprang ich vom Bett, ließ mich halb fliegend die Treppe hinuntergleiten und kroch, so schnell ich nur konnte, in die Küche. Dort saß ich und lauschte wie verzaubert. Es war eine langsame, majestätische, erhabene Musik, und für meine Ohren klang sie so lieblich, daß ich es kaum ertragen konnte. Sie schien sich auf mich herabzusenken und in meinem tiefsten Innern eine Saite zu berühren, und bei dieser Berührung erbebte meine ganze Seele in einer Art Ekstase. Ich saß da und starrte in eine Welt hinein, die die Musik mir eröffnet hatte, so lange, bis die letzten schönen Akkorde verklungen waren. Dann blieb ich lange schweigend sitzen und fand nur allmählich meinen Weg in die gewöhnliche Alltagswelt zurück. Zum erstenmal hatte ich Händels „Largo“ gehört. Es war ein unvergeßliches Erlebnis.

Die Musik erschloß mir eine andere neue Welt, eine lichte und schöne Welt, manchmal fröhlich und lärmend, öfter jedoch gedankenvoll und traurig. Ich bekam nicht viel davon zu hören, es sei denn am Radio, und in meinem ganzen Leben habe ich niemals eine Oper gesehen oder ein Symphonie-Konzert gehört. Aber auch so begann ich bald, alle großen Komponisten zu kennen und sie an ihrer

Musik zu erkennen. Chopin wurde mein Lieblings-Komponist: Ich könnte den ganzen Tag dasitzen und seine Klavier-Musik anhören, wenn ich dazu Gelegenheit hätte. Wenn ich so der Musik lauschte, stellte sich oft ein Gefühl ein, als sei mein Leben doch nicht ganz so düster und zwecklos, wie ich gedacht hatte. Es schien mir so, als liege es jetzt sorgfältig vor mir ausgebreitet, wie ein großes Mosaikspiel, das langsam Gestalt annimmt; die einzelnen Stücke rückten allmählich eines nach dem andern auf ihren Platz. Mir war so, als spürte ich beim Lauschen das Strömen einer Gefühlswallung in mir, die mich ruhig und hoffnungsvoll machte, die eine unbestimmte Verheißung mit sich brachte oder Kunde von etwas, was noch in der Zukunft für mich aufbewahrt lag.

Aber solche Empfindungen hatte ich nur, solange die Musik spielte. Es war nur so, als sei mir ein frischer Atemzug und ein kurzer Ausblick auf den Himmel vergönnt, ehe die Fenster wieder geschlossen und die Tür verriegelt wurden. Es blieb mir nichts anderes übrig, als mich wieder Bleistift und Notizbuch zuzuwenden und mitanzusehen, wie meine Geschwister heranwuchsen, ihre eigenen Wege gingen und in meinen Augen nicht mehr jüngere Brüder und Schwestern, sondern Männer und Frauen waren.

Trotz der Musik blieb unser Haus für mich ein Gefängnis, das mich innerhalb seiner Mauern eingeschlossen hielt. Ich wollte gegen dieses Gefühl des Erliegens ankämpfen; ich haßte es, mich geschlagen zu fühlen. Aber das wenige an Willenskraft, das ich zu jener Zeit besessen haben mochte, schien sich ganz zu verlieren. Es kam so weit mit mir, daß ich schon allein den Gedanken fürchtete, einem neuen Tag gegenübertreten zu müssen. Am schlimmsten von allem war die allmählich aufsteigende Empfindung, daß sich hinter meinem Elend etwas ganz Albernes, etwas Grausames und Sinnloses verbarg. Wenn ich überhaupt an Gott dachte, so nur mit einem Gefühl von Groll. Ich betete jeden Abend mit den anderen zusammen, aber ich tat es ganz automatisch, ohne einen Gedanken oder echtes Empfinden in die gesprochenen Worte hineinzulegen. Sogar Gott schien mir zu entgleiten, als ich älter wurde.

Dann kam eines Tages Mrs. Maguire und sagte: „Christy, wie wär's mit einer Reise nach Lourdes?" Mein ganzes Leben lang hatte ich davon sprechen hören, und ich hatte den heftigen Wunsch hinzureisen, teils um des Abenteuers willen, das die Reise für mich bedeutete, und teils auch, weil ich trotz meines mangelnden religiösen Interesses tief in meinem Innersten die mir selber kaum eingestandene Hoffnung hegte, es könnte ein Wunder mit mir geschehen.

„Ja", sagte ich. „Aber ... woher das Geld nehmen!" Wir sprachen mit Mutter darüber, als sie vom Einkaufen heimkehrte, und sie war begeistert. Dann begannen wir, Pläne zu schmieden. Die Reise würde vierunddreißig Pfund kosten. Die Veranstalter der Pilgerfahrt wandten sich an das Komitee von Lourdes und halfen mir aus, indem sie zehn Pfund zum Reisegeld beisteuerten: am nächsten Tag erbettelte Mutter von einer uralten Tante einen „Fünfer". Das war alles, was wir tun konnten.

„Nun", sagte Mrs. Maguire, „den Rest werde ich schon irgendwie zusammenkriegen. Ich werde all meine Bekannten zum Bridge einladen, und die müssen dann um einen sehr hohen Einsatz spielen, so etwa fünf Schilling auf hundert, und ich werde dafür sorgen, daß sie alle verlieren und dich von dem Ertrag nach Lourdes schikken." Sie lächelte ihr bezauberndes Lächeln, ich wußte, daß nun alles in Ordnung gehen würde. Und so war es.

Die Stunden vor meiner Abreise waren für mich sehr beunruhigend. Dies war meine erste große Reise, und was noch schlimmer war, ich sollte allein reisen – oder wenigstens ohne jemanden, den ich kannte.

Der Gedanke erschreckte mich. Würde man mich verstehen? Wie sollte ich meine Mahlzeiten bekommen? Wie sollte ich angezogen und gewaschen und zu Bett gebracht werden? Auch noch mit achtzehn Jahren mußte man mich füttern, ankleiden und waschen, und Vater sorgte für meine natürlichen Bedürfnisse. Ich war nahezu hilflos – mit Ausnahme meines linken Fußes.

Mutter begleitete mich zum Flughafen, zusammen mit Mrs. Maguire und ihrem Mann, die mich hinausfuhren. Wir sollten um drei Uhr früh abfliegen.

Ich wurde auf eine Tragbahre gesetzt und von zwei kräftigen Sanitätern in das Flugzeug gehoben. Da ich kein ausgesprochener Fall für eine Tragbahre war, wurde ich auf einem Sitz nahe an einem Fenster untergebracht, worüber ich sehr erfreut war. Alles wurde so trefflich erledigt, und alles im Innern des Flugzeuges war so hübsch und behaglich, daß ich ganz vergaß, mir über irgend etwas Sorge zu machen. Der Arzt war freundlich, der Priester war freundlich, und die Schwestern waren freundlich, besonders eine mit dunklen Augen und blondem Haar. Ich nannte sie „Cherry Ripe“.

Bald flogen wir über die Irische See hinaus, über die Küste von Wales, und dann über den Kanal. Jetzt betrachtete ich zum erstenmal die anderen Pilger.

Auf dem Platz neben mir saß ein neunzehnjähriges Mädchen, ihr helles kastanienbraunes Haar umrahmte ein zwar hübsches, aber vom Schmerz gezeichnetes Gesicht. Sie lächelte mit ihren Augen, obwohl Beine und Rückgrat gelähmt waren. Seit ihrem zehnten Lebensjahr war sie an spinaler Kinderlähmung erkrankt und hatte seitdem niemals mehr gehen können. Wir freundeten uns an, und sie sagte, ihr Name sei Màire und sie komme aus der Grafschaft Wicklow. Sie sprach über Bücher und Filme und ihre Schwester, die immer tanzen ging und ihr hinterher davon erzählte. „Ich möchte so gern später auch einmal tanzen gehen“, sagte sie und blickte verträumt zum Fenster hinaus. Ich dachte, sie scheine trotz allem glücklich zu sein. Aber später hörte ich sie schwer seufzen und sah, wie sie sich mit der Hand über die Stirn fuhr, so als hätte sie Schmerzen. „Gebe Gott“, sagte sie, „daß ich eines Tages wieder gehen kann. Und d a n n werde ich auf meinen ersten Ball gehen.“

Zwei Tage später starb sie in Lourdes.

Dann war da noch ein kleiner Kerl aus Kerry – Danny Soundso –, der ein paar Wochen zuvor den Gebrauch sowohl beider Beine als auch seiner rechten Hand verloren hatte. Er sprach immer nur von der Kuh, die er auf dem Gut zu melken pflegte. Wir machten uns alle über ihn lustig, weil er im Dialekt der irischen Landbevölkerung sprach; aber das störte ihn nicht, und er sprach weiter von „Nellie“, seiner Kuh, und davon, daß er sie, sobald es ihm besser gehe, wieder melken wolle.

Da war die ältliche Frau in der Ecke mit gelähmten Händen und mißgeformten Füßen, die während der ganzen Zeit betete. Dann der kräftige junge Mann mit einem sonnengebräunten Gesicht, der stockblind war. Dann das lächelnde, taubstumme kleine Mädchen, das seine große Puppe fest an sich preßte.

Mir gegenüber hockte Tommy, fröhlich und mit einer angenehmen Stimme. Er hatte keine Arme und keine Beine. Und direkt hinter mir lag eine junge verheiratete Frau, die sich vor einem Jahr nach der Geburt ihres ersten Kindes eine Tuberkulose zugezogen hatte. Sie lag mit dem Gesicht nach unten auf einer Tragbahre, bleich und verhärmt, hin und wieder stöhnte sie leise. Wenige Tage, bevor wir nach Dublin zurückkehren sollten, fiel sie in tiefe Bewußtlosigkeit und starb dann unter großen Schmerzen.

Als ich all diese Menschen sah, von denen jeder sein eigenes Leid zu tragen hatte, begann ein neues Licht in mir zu dämmern. Ich war reichlich verwirrt; ich hatte nie daran gedacht, daß es so viel Leid in der Welt geben könne. Bisher hatte ich wie eine Schnecke gelebt, die in ihr eigenes enges Häuschen eingeschlossen war und erst jetzt die große, von Menschen wimmelnde Welt, die jenseits ihres Schneckenhauses lag, zu sehen begann. Nicht nur, daß alle diese Menschen Heimgesuchte waren, sondern zu meiner Überraschung waren ihre Behinderungen auch noch schlimmer als meine eigenen! Bisher hatte ich das nicht für möglich gehalten. Es war mir, als sei ich die ganze Zeit blind gewesen und sähe erst jetzt mit eigenen Augen und fühlte wirklich mit meinem Herzen die Mühsale von anderen, deren Bürde so groß war, daß die meine im Vergleich dazu nicht zu sein schien.

Schließlich landete unser Flugzeug auf dem Flughafen von Tarbes. Wir waren in Frankreich. Ich schaute zum Kabinenfenster hinaus. Weit hinten ragten die Pyrenäen auf. Auf dem Flughafen standen Menschengruppen verstreut, die zuschauten, wie wir ausstiegen. Es waren meistens Bauern von den benachbarten Höfen; diese Bauernhöfe hatte ich schon vom Flugzeug aus gesehen; sie lagen auf der Erde ausgebreitet wie ein riesengroßer Flickenteppich. Endlich wurden wir aus dem Flugzeug herausgeholt und in einem offenen Krankenwagen untergebracht, der uns auf langen, gewundenen Straßen zu dem Kloster fuhr, in dem wir während der sieben Tage unserer Pilgerfahrt wohnen sollten. Das lag in dem Städtchen Lourdes selber. Als unser Wagen auf dem Platz vor dem Kloster einlenkte, konnte ich einen ersten Blick auf die berühmte Basilika und den schönen Rosenkranzplatz werfen. Der lange schlanke Turm mit seinem goldenen Kreuz ragte steil in den strahlenden blauen Himmel hinein, und aus der Tiefe der Kapelle ertönte die rhythmische Melodie eines Marienliedes, das von einem Chor gesungen wurde. Auf dem Platz hatten sich schon große Menschenmengen angesammelt, einige der Menschen knieten, andere saßen auf den Stühlen, die man ringsumher aufgestellt hatte, sie lasen oder dösten in der Sonne, während wieder andere nur einfach umhergingen und photographierten.

Wir wurden aus dem Krankenwagen gehoben, in Fahrzeuge gesetzt, die chinesischen Rikschas ähnelten, und ins Kloster gerollt. Es war jetzt nahezu Mittagszeit, und draußen brannte die Sonne glühendheiß von einem wolkenlosen Himmel herab. Aber im Saal war alles kühl und hell. Bald wurde zu Mittag gegessen. Eine junge Schwester fütterte mich mit einem Löffel, und ich war viel zu hungrig, als daß ich darüber in eine törichte Verlegenheit gekommen wäre.

Wir wurden an diesem ersten Tag noch nicht zur Grotte gebracht, sondern man riet uns, nach der langen Reise auszuruhen. Ich fühlte mich immer noch recht fremd in dieser ungewohnten Umgebung, und gegen Abend begann ich, mich sehr einsam und verlassen zu fühlen. Ich gab mir große Mühe zu beten, aber ich mußte immerzu an zu Hause und an meine Eltern denken. Gerade wollte ich meinen Kopf unter dem Laken verbergen und den Tränen freien Lauf lassen, als sich die Tür öffnete und die Nachtschwester hereinkam. Mein Herz machte einen Satz – es war wieder „Cherry Ripe“, ein paar goldene Locken schauten kokett unter der gestärkten, weißen Schwesternhaube, die sie trug, hervor. Sie ging von Bett zu Bett, um sich zu vergewissern, daß wir alle für die Nacht gut versorgt waren. Sie kam auch an mein Bett, lächelte strahlend und fragte, ob ich gern etwas fester zugedeckt sein möchte.

„Oh, ja“, sagte ich rasch, obwohl ich bereits so gut wie nur möglich zugedeckt war.

„Das hätten wir“, lächelte sie, nachdem sie die Ränder der Bettücher unter die Matratze geschoben und mein Kissen geglättet hatte. „Ist's jetzt bequem?“

„Sehr“, murmelte ich. Das letzte, woran ich mich erinnerte, als ich in Schlaf versank, war ihr Lächeln, mit dem sie sich über mich gebeugt hatte, um die Bettücher über meine Schultern zu ziehen. In jener Nacht schlief ich fest. Am nächsten Morgen wurden wir zu den berühmten

Heilquellen gebracht, wo schon große Menschenmengen verschiedenartiger Nationalität versammelt waren. Alle warteten darauf, mit dem wundertätigen Wasser der unterirdischen Quelle, über welcher die modernen Bäder errichtet waren, in Berührung zu kommen.

Während ich wartete, bis ich an die Reihe kam, blickte ich um mich. Es müssen nahezu dreihundert Personen in dem kleinen Vorhof des niedrigen steinernen Gebäudes, in dem die Bäder untergebracht waren, versammelt gewesen sein. Fast drei Viertel von ihnen befanden sich wie ich in Rollstühlen. Manche konnten nicht aufrechtsitzen und waren gezwungen, die ganze Zeit auf dem Rükken zu liegen. Anderen fehlten ganze Gliedmaßen, während eine weitere Anzahl auf Krücken umherging und mit großer Anstrengung von einem Platz zum andern humpelte. Ich sah sie alle – ohne Beine, ohne Arme, ohne Sehvermögen, manche sahen aus wie lebende Leichname, als sie in der erneut aufgegangenen Sonne lagen. Es war wie im Hof der Wundertäter in dem Roman von Victor Hugo. Unter ihnen allen fühlte ich mich sehr klein und unbedeutend.

Nun war ich an der Reihe, hineingebracht und gebadet zu werden. Man rollte mich hinein, setzte mich auf eine Holzbank, und zwei Franzosen entkleideten mich. Alle Kabinen des Gebäudes bestanden aus Marmor. Das „Bad“ war eine tiefe viereckige Höhlung, die aus dem Boden ausgehauen war, und Stufen führten ins Wasser hinab. An der Wand gegenüber hing ein einfaches hölzernes Kruzifix, darunter standen Gebete in lateinischer Sprache geschrieben.

Ich wurde sanft an beiden Armen emporgehoben, die Stufen hinabgetragen und dann langsam ins Wasser getaucht. Ich schnaufte, als ich das kalte Wasser über meinen Kopf rieseln fühlte. Ich wurde schnell wieder emporgezogen, und einer der Männer fragte mich in gebrochenem Englisch, ob ich noch einmal hinein wolle. Ich nickte, und sie ließen mich ein zweites Mal untertauchen. Ich hörte die beiden Männer über mir in französischer Sprache Gebete sprechen. Sie hoben mich heraus, und einer von ihnen hielt ein kleines Kreuz an meine Lippen, das ich küssen mußte.

Es mag reine Einbildung gewesen sein, ich weiß es nicht, aber nachdem ich aus jenem Wasser herausgekommen war, fühlte ich mich wie neugeboren; es war, als schritte man aus einem Grabe heraus in das helle Tageslicht.

An jenem Nachmittage sah ich die Grotte zum ersten Mal. Jetzt war Lourdes wirklich überall, und als ich die breite Straße, die zum Heiligenschrein führt, hinabgefahren wurde, zogen dichtgedrängte Pilgerscharen an mir vorüber, die Luft war von einem Dutzend verschiedener Sprachen erfüllt: Französisch, Italienisch, Spanisch, Portugiesisch, Schwedisch, Dänisch – so viele –, ein tolles Durcheinander. Aber alle, ob sie nun aus Dublin oder Rom, aus Paris oder Stockholm, aus Mailand oder Madrid gekommen waren, hatten an jenem Tage ein gemeinsames Ziel: zu beten und zu hoffen.

Als ich zu der Grotte gelangte, konnte ich nichts sehen als eine Menschenmenge, die mit gesenktem Kopf davor kniete. Aber alles war gut organisiert, und für die Rollstühle wurde ein Weg gebahnt, so daß man sie neben den Heiligenschrein stellen konnte.

Bald befand ich mich zusammen mit den anderen am Geländer des Altars. Ich hob meine Augen scheu empor und blickte auf die marmorne Statue der hohen, schönen Jungfrau in blauem Gewande, vor ihr in Verzückung das kniende kleine Bauernmädchen mit gefalteten Händen. In die harte Felswand war eine Nische gehauen, und aus ihr blickte Maria in heiterer Ruhe auf die große Schar ihrer Kinder herab, die jetzt zu ihren Füßen knieten und ihr all ihre Sorgen und ihre Liebe darboten.

Ich betete und betete um Heilung.

An jenem Abend nahm ich an einem Fackelzug durch die

kleine Stadt teil. Dieses Bild werde ich nicht so leicht vergessen können.
Von sieben bis ungefähr acht Uhr abends hatten sich Tausende auf dem Rosenkranz-Platz versammelt, und als die Dämmerung sich herabsenkte und die umliegenden Hügel in einen Nebelschleier hüllte, wurden Tausende von Wachsstöcken angezündet, und die Prozession von der Basilika zum Heiligenschrein nahm ihren Anfang, geführt von den bedeutendsten Würdenträgern der Kirche des Landes, die an dem Pilgerzug teilnahmen. Die Fassade der schönen Basilika war illuminiert und funkelte hell vor dem schwarzen Samt des Nachthimmels.
Als wir auf unserem Weg durch das Städtchen in die Straße zur Grotte einbogen, erhoben die Pilger ihre Stimmen und sangen „Ave Maria“. Die Töne stiegen empor und tropften auf die milde Nachtluft herab und hallten von den nahegelegenen Hügeln wider. Neue Menschenmassen säumten die Straße, alle trugen angezündete Kerzen, die in der sanften Brise flackerten.
Im Gegensatz dazu lag die Grotte selbst im Dunkel, nur eine einzige Kerze brannte auf dem marmornen Altar. Die immer noch weitersingende Menge kniete im Halbkreis um den Heiligenschrein, die Flammen ihrer Kerzen beleuchteten das Bild und funkelten auf der Perlenkrone, die den Kopf der Jungfrau schmückte.
Das war der schönste Augenblick meines Lebens.
Ich schlief, als wir Dublin erreichten. Ich wachte auf, als eine Hand meine Schulter berührte und sie leicht schüttelte.
„Wir sind wieder zu Hause.“
Ich schaute träge auf und wollte gerade gähnen, als ich sah, daß es „Cherry Ripe“ war! Sie stand vor mir und lächelte. Sie hatte zufällig erfahren, daß ich mit meinem linken Fuß malte und fragte mich nun, ob ich nach meiner Heimkehr ein Bild für sie malen wolle, falls ich Zeit dazu hätte. Ich nickte heftig mit dem Kopf, wodurch ich

ihr deutlich zu verstehen geben wollte, daß ich mehr als genug Zeit hätte. Daraufhin fragte sie mich nach meiner Adresse, damit sie das Bild abholen könne. Ich versuchte, sie ihr zu nennen. Aber aus meinem Munde kam nichts weiter als nur ein seltsames Geräusch. Ich versuchte es noch einmal. Ich versuchte es wieder. Ich geriet in Verzweiflung. Dann zog ich wütend meinen linken Schuh und Strumpf aus, und, mich zurücklehnend, hob ich meinen linken Fuß über meinen Kopf, zerrte den Bleistift aus ihrer Brusttasche und schrieb meine Adresse auf das Vorsatzblatt ihres Gebetbuches.

Dann war es Zeit zum Aufbruch. Ich blickte zurück, als ich in den Krankenwagen gehoben wurde, der mich nach Hause bringen sollte. Sie stand auf der Treppe des Flugzeuges, sie scherzte mit einem Mann von der Besatzung, einem großen, hübschen Burschen mit blondem Haar. Ich haßte ihn.

Sie hat das Bild bis heute nicht abgeholt.

Zu Hause... Die Familie war froh, mich nach meiner einwöchigen Abwesenheit wiederzusehen. Auch ich war froh, all die alten Gesichter wiederzusehen. Frankreich war schön; Kimmage war mein Zuhause. Ich fühlte mich immer noch ziemlich betäubt nach all den seltsamen Szenen, deren Zeuge ich gewesen war, und nach all den Aufregungen, die ich erlebt hatte. In der vergangenen Woche hatte ich inmitten der Dinge, die ich zu sehen bekommen hatte, und der Menschen, mit denen ich zusammengetroffen war, mich selber vergessen.

Aber zu Hause war es anders. Hier waren alle wohlauf und normal – außer mir. Meine Geschwister waren nicht so wie die Menschen, die ich in Lourdes gesehen hatte; sie konnten gehen, sprechen und all das verrichten, was gewöhnliche Menschen verrichten können. Wenn Peter oder Paddy sprachen, kamen die Worte deutlich hervor; man verstand, was sie sagten. Wenn *ich* sprach, war alles, was hervorkam, nur seltsame, verworrene Geräusche. Meine Brüder konnten ihre Hände ohne jede Mühe gebrauchen, aber wenn ich versuchte, die meinen zu gebrauchen, flogen sie hin und her. Sie waren für mich nutzlos. Sie waren nur Klumpen von sich windendem Fleisch. Nach wenigen Tagen war Lourdes nur noch eine Erinnerung, und als der Zauber verblaßt war, wurde ich mir meiner selbst wieder bewußt, wurde ich mir der Leere und der Langeweile meines Lebens bewußt. Lourdes war vorbei, und ich war der gleiche geblieben.

Ich fühlte mich so, als schlüpfte ich wieder in einen alten Mantel. Alles war unverändert. Ich empfand die alte Denkweise als ungerecht. Ich brauchte etwas, wofür zu leben sich lohnte, und es war nichts da. Ich wünschte, mein Leben möge einen Zweck, einen Wert haben, aber es war nichts da. Mein Leben war hohl, bedeutungslos. Ich fühlte mich niedergeschmettert, ich suchte etwas, was ich nicht finden konnte, ich streckte meine Hände aus und fand nichts, was ich hätte ergreifen können.

Ich wußte genau, daß ich, gleichgültig, wie ich äußerlich wirken mochte, gleichgültig, was ich den andern vortäuschen oder wie ich mich selbst belügen mochte, niemals glücklich sein oder mit mir selber Frieden schließen könnte, solange ich derart verkrüppelt war. Ich erinnerte mich an Lourdes und an die Menschen, mit denen ich auf dem Weg zur Grotte zusammengewesen war, und ich versuchte von neuem, so zu sein wie sie – geduldig, fröhlich, schicksalsergeben gegenüber ihrem Leid, wohl wissend, welcher Lohn sie im Jenseits erwartete. Aber es nützte nichts. Ich war zu sehr Mensch. Es gab zuviel von dem lebendigen Menschen in mir und nicht genug von dem demütigen Diener, der sich willfährig dem Willen Gottes fügt. Ich wollte von unserem irdischen Dasein mehr sehen und kennenlernen, ehe ich über die jenseitige Welt nachdachte. Trotz des Wunders und trotz der Schönheit von Lourdes war ich immer noch ganz und gar der Jüngling, der nicht gelernt hatte, sanftmütig zu sein.

Mutter baut ein Haus

Lourdes hatte in meiner Seele einen nachhaltigen Eindruck hinterlassen. Ich erkannte, daß ich keineswegs so ein Einzelfall war, wie ich angenommen hatte, sondern daß ich nur zu einer Bruderschaft von Leidensgenossen gehörte, die sich über den ganzen Erdball verteilten. Ich erinnerte mich an den Mut und die Standhaftigkeit, die aus den Gesichtern der Elenden leuchteten, die aus allen Teilen der Welt herbeigeeilt waren, um zu Füßen der Jungfrau in der Grotte zu hoffen und zu beten. Dort hatte ich die Geschichte meines eigenen Lebens sich in den Augen jener widerspiegeln sehen, mit denen ich betete, jener Männer und Frauen, die verschiedene Sprachen sprachen und von denen jeder anderen Idealen folgte, die aber jetzt alle Brüder und Schwestern waren und vermöge eines gemeinsamen Erbes an Leid eine einzige Familie bildeten. In jenem frommen kleinen Dorf dachte keiner von ihnen an den anderen als an einen „Fremden"; alle Schlagbäume, die einzelne Menschen und ganze Nationen voneinander trennen, waren niedergerissen und verbrannt durch das gemeinsame menschliche Verlangen nach Verständnis und Mitteilung, das wir alle empfanden, und nur Leid vermag ein solches Verständnis zu erwecken.

Hier war ich jedoch wieder zu Hause, fern von aller Pracht und allem Glanz von Lourdes, fern von allem, worüber ich mich selber hatte vergessen können in jenem ersten Aufwallen gemeinsamer Empfindungen und inniger Verbundenheit mit anderen. Hier war ich nicht von einer großen Menge der Betrübten umgeben, sondern von meiner Familie, von starken, gesunden, normalen Menschen, neben denen ich mich, ohne daß sie es wußten, eigentlich wie ein Popanz fühlte. Wie ein Vogel, der eine

Zeitlang die Freiheit genossen hatte, war mir jetzt so zumute, als sollte ich wieder in meinen Käfig gesperrt werden.

Eine Woche nach meiner Rückkehr mochte es gewesen sein, da begann das scheußliche Gefühl der Einsamkeit wieder in mir aufzusteigen und meine Gedanken zu verheeren. Ich versuchte, mich mit Lesen abzulenken, und Mrs. Maguire gab mir viele Bücher. Aber ich wollte nichts lesen außer Dickens, und der machte mich nur traurig, obwohl er mich ab und zu auch zum Lachen brachte.

Mutter sah, daß ich enttäuscht war, und daß ich, je länger die Zeit dahinging, über die Dinge nachdachte und grübelte, die in meinem Leben „hätten sein können", daß ich jetzt mit noch größerer Verbitterung an diese Dinge dachte, weil ich begonnen hatte, ihre Notwendigkeit zu empfinden und weil mir ihr Fehlen zum Bewußtsein gekommen war. Wir verstanden uns zwar immer noch gut, aber sie konnte nun nicht mehr versuchen, mich noch mit Worten zu trösten oder meine traurigen Stimmungen durch ein Lachen zu verscheuchen. Sogar zwischen uns beiden, zwischen Mutter und mir, schien eine Schranke aufgerichtet zu sein, eine neue Art gläserner Wand, die uns einander nicht erreichen lassen wollte. Ich fühlte jetzt Dinge und verlangte Dinge, die sogar Mutter nur undeutlich begriff.

An einem Donnerstagabend, ungefähr sieben oder acht Tage nach meiner Rückkehr aus Lourdes, saß ich an meinem Fenster und blickte düster in das dichter werdende herbstliche Zwielicht hinaus, das die Straßen draußen langsam mit einem dunklen purpurroten Dunst zudeckte. In der Küche hinter mir konnte ich die Würste in der Pfanne brutzeln hören, als Mutter das Abendessen bereitete und alle Kinder um sie herum plapperten und sich zusammendrängten. Mona stand vorm Spiegel, sie malte ihre Lippen und puderte ihre Nase, weil sie wie gewöhnlich tanzen gehen wollte, während Peter, sehr selbstzufrieden aussehend, eifrig seine Schuhe mit einem alten wollenen Lappen blank rieb und mir einen vielsagenden Blick zuwarf, ein sicheres Anzeichen dafür, daß er ein „Stelldichein“ hatte.

Plötzlich sah ich aus einem Winkel meines Auges die Scheinwerfer eines Wagens die immer dunkler werdende Dämmerung durchdringen. Er bog um die Ecke der gegenüberliegenden Straße. Die Lichter verschwanden hinter ein paar Büschen, aber nach einer Sekunde tauchten sie wieder auf und machten draußen vor unserer Tür halt. Ein Mann stieg aus, zögerte ein wenig, um nach der Hausnummer zu suchen. Er war mit dem Ergebnis anscheinend zufrieden, denn nun öffnete er die Vordertür und kam die Stufen herauf.

„Da ist jemand“, brummte ich. „Wer ist es?“ erkundigte sich Peter, der den parkenden Wagen bemerkt hatte.

„Sieh nach“, befahl ich ihm barsch.

Als sie das Klopfen hörte, ging Mutter zur Tür, um zu öffnen. Ich hörte sie mit jemandem an der Flurtür sprechen, und einen Augenblick später kam sie mit dem fremden Mann in die Küche zurück.

„Das ist Christy“, sagte sie zu ihm, als sie eintraten. Ich blickte zu ihm auf, als er vor mir stand und zu mir herablächelte. Ich sah, daß er ein gut aussehender Mann mit graugrünen Augen war, mit Augen, die, während sie mich anblickten, gleichzeitig in mich hineinzuschauen schienen. Er setzte sich auf einen neben mir stehenden Stuhl und erzählte mir, er sei ein Arzt, der mich früher einmal als Säugling gesehen habe und später noch einmal anläßlich einer Filmvorführung, einer Wohltätigkeitsveranstaltung, und zwar habe er mich, auf dem Rücken meines Bruders reitend, gesehen. Er habe immer wieder an mich denken müssen, und so habe er sich vor ein paar Tagen aufgemacht, um mich zu suchen.

Dann stand er auf, schritt für ein paar Augenblicke nachdenklich auf und ab, schließlich setzte er sich mit verschränkten Armen auf den Tischrand. Er begann zu sprechen.

„Christy", sagte er mit tiefer, angenehmer Stimme, „es gibt eine neue Behandlungsmethode für zerebrale Kinderlähmung – so heißt dein Leiden. Ich glaube, du kannst geheilt werden – aber nur, wenn du gewillt bist, mit uns zusammen genug schwere Arbeit zu leisten. Ich kann dir nicht helfen, wenn du nicht versuchst, dir selber zu helfen. Du mußt gebessert werden w o l l e n, bevor etwas für dich getan werden kann." Dann beugte er sich vor und fragte mich, während seine Blicke fest in den meinen ruhten: „Willst du es versuchen, wenn ich helfe?"

„Und ob ich es versuchen will!" dachte ich.

Ich konnte nicht sprechen, deshalb konnte ich ihm nicht antworten. Ich konnte nur gaffen. Aber er mußte die Botschaft in meinen Augen gelesen haben, denn er stand befriedigt auf, kam zu mir herüber, legte seinen Arm um meine Schulter und sagte:

„Gut! Wir werden morgen anfangen."

Er sagte, er werde am folgenden Tage einen seiner Mitarbeiter schicken, um mich zu untersuchen und eine besondere Heilmethode für mich festzusetzen, da ihre Methode darin bestehe, jeden Patienten individuell zu behandeln und nicht in der Masse. Ich solle zu Hause behandelt werden, da man noch keine eigene Klinik eingerichtet habe.

Er stand auf, um fortzugehen, aber als er gerade zur Tür trat, blieb er stehen und drehte sich um.

„Übrigens", sagte er mit einem behutsamen Lächeln zu mir, „mein Name ist Dr. Collis. Ich werde dich bald wieder besuchen kommen." Mit diesen Worten ging er.

Als die Tür sich hinter ihm geschlossen hatte, drehte ich mich um und blickte in die Gesichter vor mir. Sie strahlten alle vor Glück und Aufregung. Vater war vor Freude so außer sich, daß seine Hand zitterte, als er mir eine Tasse Tee einschenkte.

Mona dachte überhaupt nicht mehr ans Tanzen und lächelte mir zu, während sie wie geistesabwesend die Puderquaste in ihrer Hand in Fetzen riß, Peter, der liebe alte Peter, schüttete zwei Löffel Salz statt Zucker in seinen Tee. Aber am gespanntesten blickte ich Mutter an. Genau so wie ich zeigte sie nicht leicht, was gerade in ihr vorging, aber ihr ganzes Wesen verriet eine stille Freude, ein gedämpfter Schimmer von Glück lag über ihrem Gesicht und bedeutete mir mehr, als wenn sie ihre Arme um meinen Hals gelegt und vor Dankbarkeit geweint hätte.

Und ich – was empfand ich selber in jenem Augenblick meines Lebens, in dem Augenblick, nach dem ich mich so sehr gesehnt und von dem ich geträumt hatte, seitdem ich überhaupt zu fühlen und zu träumen vermochte? Eine Zeitlang fühlte und dachte ich gar nichts. All meine Sinne waren betäubt, und im Kopf war mir schwindlig. Ich konnte es nicht fassen, ich konnte es mir nicht vorstellen, da ich endlich geheilt werden sollte. Es war zuviel für mich. Es machte mich ganz taumelig.

Wie im Traum hörte ich am Teetisch all den andern zu, die um mich herum aufgeregt durcheinandersprachen. Ich konnte kein Wort verstehen. Jedesmal, wenn Vater die Tasse an meine Lippen hob, schlürfte ich geistesabwesend meinen Tee, und ich aß mein Brot, ohne es zu schmecken. Erst später, als ich mit Mutter und Vater am Feuer saß, als die anderen längst fortgegangen waren, um nach dem Tee ihren Vergnügungen nachzugehen, begann ich über das Neue, das ich an jenem Tage erfahren hatte, nachzudenken, und da erst fanden die Tatsachen und die wahre Bedeutung all dessen Eingang in meinen Geist. Ich glaube nicht, daß ich deswegen in der üblichen Weise aufgeregt war, so wie es die übrigen Familienangehörigen gewesen waren – ich wunderte mich über die Seltsamkeit und über die sonderbare Schönheit von allem.

Fröhlich und hoffnungsvoll war ich nach Lourdes gefahren – beinahe vertrauensvoll, fürchte ich. Eine Woche später war ich nach Hause gekommen, ein wenig durcheinandergerüttelt und vielleicht ein wenig klüger geworden – aber sehr enttäuscht. Alles stand wieder genau so vor mir, wie es vorher gewesen war. Mein Herz war leicht und zuversichtlich gewesen bei dem Gedanken, Lourdes zu besuchen. Es war schwer und verdüstert, als ich nach Hause kam, denn ich wußte nun, daß mein Leben, wenn ich mich auch noch so sehr sehnte, es zu verändern, doch immer gleich aussehen würde: grau, leer, farblos.

Und dann, während ich gerade auch an jenem Tag voller Bitterkeit an all dies dachte, war plötzlich ein Arzt hereingekommen und hatte mir gesagt, ich könne geheilt werden! Mit nur wenigen Worten hatte sich das Bild meines ganzen Lebens verändert; er hatte der Vergangenheit einige Bedeutung verliehen und in die Zukunft so etwas wie eine Verheißung, einen bestimmten Zweck hineingelegt; er hatte mir etwas gegeben, woran mein Denken und Streben einen Halt finden konnte, etwas, wofür ich leben, arbeiten und kämpfen konnte, und das zu einem Zeitpunkt, als ich fest davon überzeugt war, daß vor mir nichts als leere und unfruchtbare Jahre lagen.

Es mag reiner Zufall, ein bloßes Zusammentreffen von Umständen gewesen sein, aber für mich, und gerade wegen all dessen, was es mir später bedeutete und schenkte, schien es mir damals und seither immer nichts Geringeres zu sein als ein Wunder – ein wahrlich schönes Wunder, nicht, weil es soviel Gutes für mich brachte, sondern weil es einen Glauben aufrichtete, wo vorher nur Bitterkeit und Enttäuschung gewesen war. Es bewies mir, daß es in dem großen Gesamtbild des Lebens auf uns alle ankommt, selbst auf den geringsten unter uns, weil wir alle ein Teil von ihm sind, und daß selbst die kleinen Unbekannten sehr wichtig sind, weil sie dazu beitragen, die Großen zusammenzuhalten, auf daß sie nicht straucheln. In jenem ersten Aufblitzen des Begreifens erkannte ich, daß auch ich eine Rolle zu spielen hatte, und sei sie auch noch so klein.

An jenem Abend betete ich vorm Einschlafen, es war ein Gebet der Dankbarkeit – und der Reue, weil ich gezweifelt hatte.

Der Arzt, der am nächsten Tag herauskam, um mich zu untersuchen, war ein junger, großer, stattlicher Mann mit einem gewissen militärischen Gebaren, das Eindruck auf mich machte, obwohl es mich auch ein wenig einschüchterte. Er war langsam und behutsam in seinen Bewegungen, und seine ganze Art flößte schnell ein Vertrauen ein, das sich auch auf die Menschen seiner Umgebung übertrug. Ich empfand sofort Zuneigung zu ihm. Er hieß Louis Warnants, ein Name, an den ich mich immer mit Dankbarkeit und Liebe erinnern werde.

Dr. Warnants entwarf eine spezielle Behandlungsmethode, die hauptsächlich auf bestimmten Turnübungen beruhte, die ich zu Hause allein durchführen konnte, vielleicht mit ein bißchen Hilfe von seiten der Familie, falls es nötig sein sollte. Dies, sagte er mir, sei nur ein vorbereitender Versuch. Wenn er sehe, daß ich auch nur im geringsten reagierte, wolle er mir eine strengere Übungsweise verordnen, die immer komplizierter und schwieriger werden würde, je weiter ich fortschritte. Ich hörte später, daß die Übungsmethode Physiotherapie genannt wurde, und ich dachte, das sei ein wahrer Riese von einem Namen. Von nun an kam Dr. Warnants einmal in der Woche zu mir – und zwar jeden Sonntag. Jedesmal, wenn er kam, sah er mir zu, wie ich meine Übungen machte, und dabei beobachtete er sorgfältig, welche Übungen mir am schwersten fielen und machte mich auf das aufmerksam, was ich falsch machte.

Es war beinahe komisch, wie alle zu Hause an jedem Sonntagnachmittag, wenn die Stunde für Dr. Warnants Besuch herannahte, umherrannten und übereinanderstolperten. Ich glaube, sie hatten alle ein wenig Respekt vor ihm, vielleicht sogar ein wenig Angst, denn wenn er auch ein sehr netter Herr war mit vorbildlichem Benehmen, so gab es doch für ihn keine halben Maßnahmen; er nahm seine Aufgabe ernst und stellte sie über alles andere.

An einem Sonntagnachmittag, als er etwas früher als gewöhnlich zu meiner Behandlung kam, war die Küche voll von all meinen Schwestern und Brüdern, den großen und den kleinen. Im Nu hatte Mutter es verstanden, die kleinen loszuwerden, sie jagte sie einfach alle nach oben, aber dann wußte sie nicht recht, wie sie es mit den älteren anstellen sollte. Dr. Warnants löste das Problem.

„Guten Tag, allesamt", sagte er höflich und blickte die sechs oder sieben, die noch da waren, der Reihe nach an. „Wie ich sehe, haben Sie die Lämmlein alle vertrieben, Mrs. Brown. Aber die Schafe sind noch da."

Dann ging er dorthin, wo Jim saß.

„Hallo, Sie sind Jim, nicht wahr?" sagte er freundlich lächelnd, „es ist ein prächtiger Tag für einen Spaziergang. Darf ich Ihnen in Ihren Mantel helfen."

Die andern verstanden den Wink und gingen in bester Stimmung fort, wobei Dr. Warnants sich als Türhüter betätigte.

Es war sehr schwierig für Dr. Warnants, mich meine Übungen im Hause machen zu lassen, denn der einzige verfügbare Raum war die Küche, und die war viel zu klein und unbequem. Wenn ich während der Übungen mein Bein ausstreckte, schlug es gegen die Ofentür, und wenn ich mich auf meinem Bauch drehte, geriet mein Kopf unter einen Stuhl und meine Beine blieben unter dem Tisch stecken, so daß es jedesmal, wenn ich meinen Kopf hob, einen lauten Knall gab.

„Entweder bist du zu groß, Christy, oder dieser Raum ist zu klein", sagte er.

„Ich glaube, es ist ein Gemisch von beidem, Herr Doktor", sagte Mutter.

„Wenn wir nur etwas mehr Platz hätten“, sagte Dr. Warnants mit einem Seufzer, als ich mit meinem Kopf schon wieder zum dritten- oder viertenmal an diesem Nachmittag gegen irgend etwas stieß.

Hinter dem Hause lag ein Stück unbenutzten Landes, auf dem jeder von uns schon einmal versucht hatte, etwas anzupflanzen, aber es war immer vergeblich gewesen. Es war zwar gelungen, dort Kohl und Rüben und ein paar Kartoffeln zu pflanzen und heranzuziehen, aber alles schien welk zu werden und nach einiger Zeit abzusterben. Ob es nun Gemüse oder Blumen waren, die man hineinsteckte, es kam immer aufs gleiche heraus, das alte Stückchen Land weigerte sich beharrlich, bebaut zu werden. Es schien durchaus eine Wildnis bleiben zu wollen.

Aber Mutter war entschlossen, ihm nicht willfährig zu sein. Oftmals versprach sie demjenigen von uns, der am erfolgreichsten sein würde, eine halbe Krone. Jetzt jedoch hatte sie eine Idee – einen plötzlichen Geistesblitz. Warum den hinteren Garten nicht auf andere Weise nutzbar machen? Es würde sowohl für Dr. Warnants als auch für mich eine große Hilfe bedeuten, wenn wir einen Raum für uns allein hätten, abseits vom Lärm und den Hemmnissen im Hause. Und dann dachte Mutter, warum sollte man einen solchen Raum nicht auf dem Grund und Boden hinter dem Haus aufbauen, wo wir fern von allem weilen könnten? Ach, aber das Geld – immer erhebt sich die Frage nach dem Geld! Sie hatte keine Ahnung, was das kosten könnte, aber da sie in einer Familie von Maurern lebte, gelang es ihr allmählich zu schätzen, wie hoch die Kosten für die Baumaterialien sein würden, indem sie sich unauffällig bei Vater und den jungen Männern erkundigte. Sie rechnete aus, daß es ich um rund fünfzig Pfund handeln würde. Aber auch dadurch wollte sie sich nicht abschrecken lassen. Sie war entschlossen, ihren ehrgeizigen Plan zu verwirklichen. Sie ging also geradewegs auf ihr Ziel los – sie lieh Geld,

sie verkaufte, sie suchte Geldinstitute auf, sie ging zur guten alten Pfandleihe, sie besuchte ein paar wohlhabende alte Onkels und Tanten, nachdem sie festgestellt hatte, daß sie überhaupt noch lebten. Wochenlang betrieb sie diese heimliche Suche nach Bargeld, wovon außer mir niemand in der Familie etwas wußte. Natürlich war ich ihr während des Feldzugs eine moralische Stütze. Als sie ungefähr zwanzig Pfund beisammen hatte, beschloß sie, einen Anfang zu machen. Sie wußte, daß es nutzlos sei, die Sache Vater zu unterbreiten; er würde schon deshalb dagegen sein, weil die „Behörden" – das war ein Lieblingswort von ihm – es nicht erlauben würden, denn das Haus, in dem wir wohnten, war von bestimmten Vorschriften einer Körperschaft, die als City Corporation bekannt war, abhängig. Aber sie legte ihre Idee ihren vier Maurersöhnen vor. Keiner war begeistert. Alle wollten gern helfen, wenn erst einmal einer damit begann, aber, wie gewöhnlich in solchen Fällen, war keiner bereit, den Auftakt zu geben.
Mutter war eine Frau, die ihre Idee immer umgehend zu verwirklichen suchte. Sie beschloß also, die Sache selber in die Hand zu nehmen und sofort für sich allein zu beginnen. So ging sie eines Nachmittags aus und bestellte hundert Bausteine, vier Säcke Zement und zwei Säcke Mörtel. „Um einen Anfang zu machen", sagte sie.
Das Material kam noch am selben Tag an. Der arme Vater brach beinahe zusammen, als er an jenem Abend von der Arbeit heimkehrte und die ganzen Steine fein säuberlich aufgeschichtet im Vorgarten liegen sah. Er stand schwankend da und hielt sich am Tor fest. Sein Mund öffnete sich, aber er schien nicht sprechen zu können, als er auf den Steinhaufen starrte. Er wankte durch den Vorgarten, machte die Tür auf und fragte Mutter mit heiserem Flüstern: „Was hat das zu bedeuten?"
„Oh, ich hab' ganz vergessen, dir davon zu erzählen", sagte Mutter beiläufig, als sie ihm das Essen auf den

Tisch stellte. „Ich will im hinteren Garten ein Haus für Christy bauen."

„Großer Gott!" sagte Vater und starrte sie an. „Willst du, daß wir alle hier rausgeworfen werden? Weißt du überhaupt, was du da tust? Die Behörde..." „Ja, ja, ich weiß das ja alles", sagte Mutter ruhig. „Aber iß jetzt schon, sei vernünftig, sonst wird dein Essen ganz kalt."

„Nur über meinen Leichnam", sagte Vater mit vollem Mund.

„Natürlich würde ich deine Leiche vorher beerdigen", antwortete Mutter überaus sanftmütig.

Als er sah, daß es zwecklos war, sie von ihrem Vorhaben abzubringen, nahm Vater zunächst Zuflucht zu der Versicherung, er werde keinesfalls mitmachen. Er sagte, er wolle keinen einzigen Stein auf den andern setzen und er rate auch den vier anderen Maurern im Hause, sich ebenfalls nicht auf solch ein Geschäft einzulassen.

Einen Augenblick lang glaubte ich, Mutter gebe sich geschlagen, aber sie lächelte nur und sagte:

„Also gut, wenn keiner von euch es tun will, werde ich es selber bauen."

Darüber lachten alle – über die Vorstellung, daß eine Frau ein Haus baue!

Am nächsten Tage stand Mutter besonders früh auf, bereitete sehr schnell das Frühstück, schickte die sechs kleineren Kinder zur Schule und erledigte alle Hausarbeit am Vormittag, so daß sie den ganzen Nachmittag frei hatte. Die Mittagszeit kam heran und verging wie gewöhnlich. Mutter äußerte keinem gegenüber ein Wort von dem, was sie sich in den Kopf gesetzt hatte.

Ungefähr um vier Uhr nachmittags wurde ich plötzlich gewahr, daß Mutter sehr lange hinter dem Hause weilte. Dann vernahm ich ganz merkwürdige Geräusche aus dem hinteren Garten. Von Neugier getrieben, gelangte ich ruckweise bis zum Kammerfenster. Ich schaute hinaus.

Da war Mutter, sie kniete im Gras, mit einem Eimer

Mörtel auf der einen Seite und einem Krug Wasser auf der anderen. Sie hielt eine Maurerkelle in der rechten Hand. Stolz blickte sie auf die Reihe Steine, die sie schon vor sich aufgerichtet hatte!
Als sie an jenem Abend das Essen und den Tee auf den Tisch gestellt hatte, kehrte sie in aller Ruhe wieder zu ihrer Arbeit im Garten zurück. Ein paar Minuten später ging Vater zufällig in den Hof, um etwas zu holen. Und da sah er sie. Er blieb wie erstarrt stehen, dann ging er langsam auf die wachsende Mauer zu. Er berührte sie mit seinem Fuß. „Was ist das?" fragte er. „Was stellst du dir vor, was machst du da?" Mutter schaute auf. „Ich baue Christys Haus", sagte sie und setzte einen neuen Stein auf. Für eine Minute sagte Vater gar nichts, er beobachtete nur. Dann sah er etwas genauer hin. Dann streckte seine Hand sich von selber aus; er zog sie zurück. Er ging zum andern Ende der Steinreihe. Seine Oberlippe zuckte ein wenig; er machte eine Pause ... Schließlich sagte er: „Schau dir das an! Du machst ja alles falsch, Frau. Wo ist das Fundament?"
„Ich wußte, daß ich etwas vergessen würde", antwortete Mutter ganz ärgerlich.
Aber jetzt waren die anderen vier Maurer herausgekommen und stellten sich dazu.
„Seht euch das an, Jungens", sagte Vater, sich zu ihnen umwendend. „Eure Mutter versucht, unsere Arbeit auszuführen!"
„Schrecklich", sagte Paddy, während er kritisch die Reihe der Bausteine betrachtete und mißbilligend den Kopf schüttelte. „Du hast sie nicht einmal gleichmäßig zusammenbekommen, Mutter!"
„Das ist echt Frau", sagte Peter. „Immer wollen sie es den Männern gleichtun. Geh zu deinen Schüsseln zurück, Ma." „Gut, wenn es Männerarbeit ist, dann macht ihr doch weiter", sagte sie. Sie stand ganz einfach auf und wischte die Hände an ihrer Schürze ab. Langsam drehte

sie sich um und ließ die andern stehen. Als sie an mir vorbeikam, lächelte sie. Die fünf Maurer standen da und blickten einander an.

„Also los", sagte Vater, als Mutter im Hause verschwunden war. „Laßt uns beginnen."

So errichteten sie mein kleines Haus hinten im Garten. Die Arbeit nahm einen wechselvollen Verlauf, und einmal sah es so aus, als solle sie niemals beendet werden. Am meisten hielt uns die Geldfrage auf. Mutters zwanzig Pfund waren schnell verbraucht, und ein Stillstand schien gekommen.

Vater fragte mich eines Tages, was das nun für einen Eindruck mache – nur vier fertige Wände und ein steinernes Fundament.

„Es wirkt wie eine unvollendete Symphonie", sagte ich. Dann brachte es Mutter fertig, noch ein paar weitere Pfunde zusammenzukratzen, und die Arbeit wurde von neuem aufgenommen. Sie ernannten mich zu ihrem Aufseher, und von Zeit zu Zeit gab ich ihnen Anweisungen, wie ich bestimmte Teile gebaut zu haben wünschte und wo ich den Herd, das Fenster und die Tür haben wollte. Es gab viele Debatten zwischen Vater und den vier jungen Männern über technische Einzelheiten, die ich nicht verstand, obwohl ich mich bemühte, beim Zuhören sehr sachverständig dreinzublicken.

Nach einigen Monaten wurde das Dach aufgesetzt und die Decke eingezogen. Dann ging das Geld wieder aus, und der Hausbau wurde unterbrochen.

Später sah es wieder etwas günstiger aus. Sie arbeiteten jetzt schon am Fußboden und waren mit dem Aufstellen des Kamins beschäftigt, danach setzten sie die Fensterrahmen und die Türen ein. Der Schornstein war natürlich schon aufgerichtet, so daß wir wenigstens ein Feuer anzünden konnten, wenn schon sonst nichts vorhanden war!

Langsam, schrittweise begann der Bau Gestalt anzunehmen; die Fensterscheiben waren eingesetzt, die Wände wurden verputzt, und der Fußboden war sogar schon von einer hölzernen Fußleiste eingefaßt. Soweit es sich um das eigentliche Bauen an sich handelte, war das Werk vollendet.

Aber es sah immer noch wie eine Höhle aus und hatte nichts von einer menschlichen Behausung an sich. Es fehlten ihm jetzt ein paar Möbelstücke, um es zum Leben zu erwecken.

Stück für Stück hielten die Möbel Einzug – ein Diwan, ein Bett, ein paar Stühle und ein Tisch. Dann fertigte mein Schwager, ein Zimmermann, einen hübschen kleinen Schreibtisch für mich an, in dem ich ein paar Kleinigkeiten aufbewahren konnte. Linoleum wurde gelegt, die Wände wurden tapeziert und die Vorhänge angebracht. Ein paar Tage später wurde elektrische Beleuchtung gelegt, Tür- und Fensterrahmen wurden gestrichen. Es war endlich soweit, daß man dort wohnen konnte.

Ursprünglich war nur beabsichtigt gewesen, eine Art Übungsraum, eine Turnhalle zu schaffen, in der Dr. Warnants ungestört mit mir arbeiten konnte. Im Laufe der Zeit machte ich daraus jedoch langsam ein Wohn- und Studierzimmer, in welchem ich aß, las, schrieb und schlief. Ich bat noch um Bücherregale, und auch diese füllten sich nach und nach.

So hatte ich mich endlich von der Familie gelöst, von dem Lärm und dem geschäftigen Treiben im Hause. Jetzt konnte ich endlich in behaglicher Einsamkeit leben, in völliger Freiheit konnte ich, soviel ich wollte, malen und und schreiben, ohne das ständige Trommelfeuer von Stimmen in meinen Ohren ertragen zu müssen. Im Sommer konnte ich neben dem offenen Fenster sitzen und lesen, und das einzige Geräusch war der fröhliche Chorgesang der Vögel draußen in den Bäumen, und als der Winter kam, war es sogar noch hübscher, denn dann pflegte ich im Dunkeln neben dem Feuer zu sitzen und zu beobachten, wie der rote Feuerschein auf den Wänden tanzte,

auf die Buchrücken in den Regalen fiel und wie die goldenen Aufschriften im Dunkel aufleuchteten.
Die Auswahl meiner Bücher war immer noch recht begrenzt, mein hauptsächlichster Freund war Charles Dickens. In schneller Aufeinanderfolge las ich sechs oder sieben seiner Bücher, mein besonderer Liebling war David Copperfield, den ich dreimal hintereinander mit unvermindertem Eifer las. Das spannendste aller Bücher war für mich Captain Cook's Voyages, das ich von Mrs. Maguire zu Weihnachten geschenkt bekommen hatte. Ich erinnere mich noch an mein Staunen und meine Erregung, wenn ich von verlorenen Eilanden, von Schiffbruch und Horden blutrünstiger Wilder las, die schreiend an die Küstengestade gerannt kamen, als das hilflose Schiff auf den Felsen strandete.
Ich träumte dann davon, daß ich eines Tages die großen Städte der Welt besuchen würde, um dort fremde Menschen und erstaunliche Sehenswürdigkeiten kennenzulernen. Meine Einbildungskraft war damit beschäftigt, im Geiste Bilder von zerstörten, schweigenden und ausgestorbenen Städten heraufzubeschwören. Bilder von dampfenden feuchten Dschungeln mit vielfältigem Leben in ihnen und von weiten, unbetretenen Wüsten mit unendlichen gelben Sandmassen, die unter einer erbarmungslosen Sonne glühten.
Es war sehr vergnüglich, mit Hilfe der Bücher solche Traumreisen zu unternehmen. Wie einseitig und begrenzt meine Lektüre auch damals noch sein mochte, so verhalf sie mir doch dazu, etwas von der Welt jenseits meiner vier Wände kennenzulernen.
Inzwischen nahm meine Behandlung unter Dr. Warnants Leitung ihren Fortgang. Wir konnten jetzt, da wir mehr Bewegungsfreiheit hatten, bessere Erfolge erzielen. Diese Heilbehandlung der zerebralen Kinderlähmung war immer noch sehr primitiv – denn die Ursachen waren

damals im wesentlichen noch unbekannt, und deshalb befanden sich die Heilungsmöglichkeiten für dieses Leiden noch im Embryonalstadium.
Dann erschien eines Tages Dr. Collis und sagte mir, er habe sich entschlossen, mich nach London zu schicken, um dort seine Schwägerin, Mrs. Eirene Collis, aufzusuchen, die eine bekannte Spezialistin für zerebrale Kinderlähmung sei. Er wollte ihre Meinung hören, ob ich überhaupt auf eine Heilbehandlung ansprechen würde. Danach erst wolle er ein vollständiges Programm zwecks völliger Wiederherstellung machen. Er wolle sie bitten, daß sie selber mich im Middlesex-Hospital untersuche. Daraufhin solle sie ihm dann mitteilen, wie sie über meine Aussichten, jemals ein normales Leben zu führen, denke. Ich sollte nun in einigen Tagen auf dem Luftwege nach London reisen, und Dr. Warnants, der schon vor mir abgereist war, sollte mich am Northolt-Flughafen abholen und zur Klinik fahren, um Mrs. Collis aufzusuchen. Mutter sollte mich begleiten.
Da wurde es mir klar, daß alles von Mrs. Collis' Gutachten abhing – daß meine Zukunft also in ihren Händen lag. Wenn sie entschied, daß mein Fall schon viel zu weit vorgeschritten sei, um aus einer Behandlung noch Nutzen zu ziehen, würde alles wieder genau so sein, wie es vorher gewesen war, ehe Dr. Collis mich entdeckte. Dann mußte ich wieder in das alte Leben zurückkehren, ein Leben in Untätigkeit und Hoffnungslosigkeit.
Wenn sie andererseits zu dem Schluß käme, daß ich günstig auf eine Behandlung reagieren würde, dann würde mein Leben einen Sinn bekommen, einen letzten Wert und Inhalt. Dann könnte ich beginnen, einige von den Wänden, die zwischen mir und dem normalen Leben aufragten, niederzureißen.
Ich stand am Kreuzweg.

Flugreise

Es war im Januar 1949, zu Beginn des neuen Jahres, als ich mit Mutter nach London flog, um Mrs. Collis' Gutachten einzuholen. Wir blieben nur einen Tag. Das war alles. Aber in dieser kurzen Zeitspanne von nur wenigen Stunden wurde mein ganzes Leben verändert.

Wir hatten alle damit gerechnet, daß Mutter aufgeregt und sogar ein wenig nervös sein würde, denn es war ihre erste Luftreise.

„Du solltest dein Gebetbuch mitnehmen", meinte ich. „Dann ist Petrus gezwungen, dir Einlaß zu gewähren."

Aber wir kannten sie wohl schlecht. Sie nahm die Aussicht, eine Flugreise zu machen, völlig ruhig hin. „Man kann genausogut in der Luft wie auf dem Erdboden sterben", meinte sie kurz. Am nächsten Tag ging sie fort und kaufte sich einen neuen Hut.

„Der ist für London", verkündete sie, während sie ihn vor dem Spiegel aufprobierte. „Ich kaufte ihn bei Clery. Gefällt er euch?"

Vater betrachtete ihn von rechts, von links, und noch von vielen anderen Blickpunkten, er überlegte, schaute sehr kritisch drein, machte eine Pause, kratzte sich am Kopf, und dann sprach er.

„Hm ... nicht übel, weißt du, sehr – hmm – kunstvoll. Aber, sag mal, was soll er eigentlich darstellen?"

Es war ein winziges schwarzes Ding aus Atlasseide mit einem riesigen Federschmuck und einem schwarzen Schleier. „Viel zu prächtig", stimmte Peter ein. „Die Leute werden dir ‚Frau Pfau' nachrufen."

Trotzdem trug Mutter ihren neuen Hut an dem Tage, an dem wir nach London flogen, und sie lächelte triumphierend, als Dr. Collis ihr sagte, daß er ihm gefalle.

Ich hielt mich schon für einen Veteran der Luftfahrt,

aber während der Überfahrt wurde ich schwer luftkrank, und ein paar Minuten lang glaubte ich, ich müsse sterben. Dann blieb die Stewardeß neben mir stehen und fragte, ob ich gern Tabletten gegen Luftkrankheit einnehmen wolle, sie sagte, sie habe welche in ihrer Handtasche.
Ich blickte auf, und meine fürchterlichen Kopfschmerzen verschwanden sofort. Ich brauchte die Tabletten nicht, denn als sie meinen Puls fühlte, vergaß ich ganz, wie krank ich war. Sie war eine wunderschöne Stewardeß . . .
Wir kamen um elf Uhr an einem klaren, kalten Sonnabendmorgen in Northolt an. Dr. Warnants war gekommen, um uns abzuholen. Er hob mich hoch, legte mich quer über seine Schulter und trug mich so in ein wartendes Taxi. Ich hatte es nicht gern, so auf dem Rücken eines Menschen befördert zu werden, denn ich empfand es als unwürdig, und ich kam mir ganz albern vor. Viel lieber wäre ich zum Taxi hinübergekrochen.
Wir machten uns auf den Weg nach dem Middlesex-Hospital. Ich schaute zum Fenster hinaus, als der Wagen sich seinen Weg durch den Londoner Verkehr bahnte. Ich sah die großen, sich drängelnden Menschenmengen vor den riesigen Schaufenstern, den endlosen Strom von roten Omnibussen und Autos und Radfahrern, die sich alle zu einem einzigen großen Haufen von Lärm und Bewegung zu vereinigen schienen. Ich sah, wie sich die hohen grauen Gebäude von dem rauchblauen Himmel abhoben. Über dem Ganzen schwebten die Geräusche, die in jedem Augenblick eines jeden Tages aus dem Herzen einer großen Stadt aufsteigen.
Bald entdeckte ich ein Stück leuchtenden Grüns im Hintergrund, und als wir näherkamen, sah ich, daß es ein Park war, der von schönen Baumreihen eingefaßt war.
„Regents Park“, erklärte Dr. Warnants, als wir an ihm vorbeifuhren.
Ich mußte an den alten Phönix-Park in Dublin denken und an die glücklichen Zeiten, die ich als Kind mit mei-

nen Brüdern zusammen unten auf den grünen Wiesen des Donnelly-Tals verbracht hatte; das war vor vielen Jahren gewesen – damals war ich noch ein glückliches Kind, das in seiner eigenen fröhlichen Welt lebte –, und nun war ich hier mit achtzehn Jahren und fuhr durch die breiten Straßen Londons auf dem Wege zu einer folgenschweren Begegnung. Ich verhielt mich schweigend und saß nur da, zum Fenster des Wagens hinausblickend, denn ich wußte, daß ich in kurzer Zeit erfahren sollte, wie meine Zukunft sich gestalten würde. Ich war begierig darauf, es zu wissen, und doch auch von Angst erfüllt, es zu erfahren, weil es von so ungeheurer Bedeutung für mein ganzes Leben sein würde. Es würde entweder der Gipfelpunkt oder der Abgrund sein.

Endlich hielt der Wagen vor einem großen steinernen Gebäude, zu dem sehr viele Stufen hinaufführten. Es war das Middlesex-Hospital, mein Bestimmungsort. Wir wurden in einem Fahrstuhl in ein kleines Sprechzimmer hinaufgefahren, um auf die Ankunft von Mrs. Collis zu warten. Dr. Warnants lächelte, als er mir in einen Stuhl half.

„Angst?" fragte er mich, während er mit einer kleinen Messingfigur auf dem Kaminsims spielte.

Ich schüttelte den Kopf, schon allein, um mir selber Mut zuzusprechen.

„Doch, du hast Angst, du weißt es", fuhr er fort, indem er mich anblickte. „Du hast unerträgliche Angst, aber du bist zu hartnäckig, um es vor dir selber zuzugeben. Und das ist gut so."

Mutter war großartig. Sie saß einfach still auf ihrem Stuhl, las in einigen Zeitschriften, die auf dem Tisch lagen und verzehrte ein paar Schinkenbrötchen, die sie mitgebracht hatte. Sie war zum erstenmal aus Dublin herausgekommen, und trotzdem wirkte sie so ruhig und fröhlich, als wäre sie zu Hause in der Küche und schnitte das Brot für die Kinder zum Tee.

Aber wenn sie es auch nicht zeigte, wußte ich doch ganz genau, daß sie in ihrem Innern ebenso fühlte und dachte wie ich selber, daß sie beinahe genauso wie ich begriff, was diese Untersuchung für mich bedeutete und daß das Ergebnis ausschlaggebend für mein ganzes Leben war. Ohne ein einziges hilfreiches Wort zu sprechen, übertrug sie einen Teil ihres eigenen Mutes und ihrer eigenen Kraft auf mich, um so der Entscheidung entgegenzugehen.

Plötzlich öffnete sich die Tür hinter mir. Ich blickte mich um und sah, daß ein Mann und eine Frau ins Zimmer gekommen waren. Sofort richteten sich meine Augen auf die kleine schmächtige Frau mit grauwerdendem Haar, einem hübschen Gesicht und leichtem, federndem Schritt. Ich war überzeugt, daß es Mrs. Collis war, und in ihrer Gegenwart schwanden meine Zweifel und Befürchtungen bald dahin, weil sie etwas an sich hatte – ihr behutsames Lächeln, ihre vollkommene Natürlichkeit und ihr sachliches Verhalten –, was mich sicher und gefaßt machte, gleichgültig, wie ihr Urteilsspruch auch ausfallen mochte. „Es tut mir leid, daß ich mich verspätet habe", sagte sie zu uns, setzte sich auf die Kante des Pults und zündete sich eine Zigarette an. Ein paar Augenblicke lang nahm sie keine Notiz von mir, sie blieb nur still sitzen und sprach über Dinge wie das Wetter, davon, was die Zigaretten kosteten, und über Churchill. Dann drückte sie ihre Zigarette aus, ließ sich vom Pult gleiten und schlenderte zu mir herüber.

„Ich wollte nur, daß deine Verkrampfung ein wenig nachläßt, Christy!" sagte sie lächelnd. „Wie alt bist du jetzt?" fragte sie mich, und als Mutter den Versuch machte, ihr mein Alter zu nennen, hielt sie ihre Hand hoch und sagte höflich: „Lassen Sie es Christy selber sagen – nur so zum Spaß."

Es gelang mir, ihr mit meinem Grunzen zu verstehen zu geben, daß ich achtzehn Jahre alt war.

„Achtzehn?" fragte Mrs. Collis. „Achtzehn Jahre lang

ein Krüppel zu sein, das dürfte für jeden genug sein. Glaubst du nicht selber, daß es allmählich Zeit wird, daß du etwas dagegen unternimmst?" Ich nickte zustimmend mit dem Kopf. „Ja, das glaube ich auch!" sagte sie „Also gut, wir wollen mal sehen, ob wir irgend etwas mit dir anfangen können."

Dann rief sie den Mann herbei, mit dem sie hereingekommen war. Er war jung, von kleinem Wuchs, hatte rotes Haar und ein schmales, freundliches Gesicht.

„Das ist Mr. Gallagher", sagte Mrs. Collis, als er herüberkam, „einer unserer Mitarbeiter."

Später sollten wir, Mr. Gallagher und ich, sehr gute Freunde werden. Er war mir in meinem Kampf eine große Hilfe, und sein Name wird für mich immer gleichbedeutend sein mit Freundlichkeit und Verständnis.

Ich wurde ausgezogen und auf die Couch gelegt, während Mrs. Collis mich unter Mithilfe von Dr. Warnants und Mr. Gallagher untersuchte. Ich verstand nicht, worüber sie fast die ganze Zeit über sprach. Ich fing Wörter auf wie „Cerebrum", „Basalganglien", „Inkoordination" und viele andere geheimnisvoll klingende Wörter, die meinem Ohr völlig unverständlich waren. Während sie mich untersuchte, ließ sich Mrs. Collis von Mutter die wichtigsten Einzelheiten meiner Krankheitsgeschichte erklären.

Als die Untersuchung beendet war, half mir Mr. Gallagher wieder in meine Kleider. Danach zogen sich die vier – Mrs. Collis, Dr. Warnants, Mr. Gallagher und Mutter – in die äußerste Ecke des Zimmers zurück, um ein Weilchen miteinander zu reden. Ich saß allein auf der Couch, mein Herz schlug schnell, und ich wartete verzweifelt auf das Gutachten. Ich schwitzte am ganzen Körper. Es war für mich wie eine Entscheidung über Leben und Tod.

Endlich schritt Mrs. Dollis langsam durch den Raum und setzte sich neben mich auf die Couch.

„Ja, Christy", sagte sie. „Du bist nicht vergebens nach

London gekommen. Ich sehe keinen Grund, warum du nicht schließlich geheilt werden solltest."
Mein Herz tat einen reinen Freudensprung. Ich sollte geheilt werden! Was sonst war jetzt noch wichtig? Alle alte Bitterkeit und aller alter Kummer waren jetzt in ein überströmendes Glücksgefühl verwandelt, das mein Gesicht strahlend machte und mein Herz wild tanzen ließ. Nun war es also doch der Gipfelpunkt!
„Ja", sprach Mrs. Collis weiter. „Du kannst geheilt werden, wenn du bereit bist, während der nächsten paar Jahre eine Unmenge wirklich schwerer Arbeit zu leisten. Aber", hier machte sie eine Pause, sah mich durchdringend an und fuhr fort, du mußt zuerst ein sehr großes Opfer bringen. Niemals wird etwas Gutes ohne Opfer erreicht, und dein Opfer besteht darin – du mußt dich dazu entschließen, niemals wieder deinen linken Fuß zu gebrauchen."
Meinen linken Fuß! Er bedeutete alles für mich – nur mit ihm konnte ich sprechen, nur mit ihm schaffen! Er war mein einziges Verbindungsmittel zur Außenwelt, um die Seelen anderer Menschen zu erreichen und mich selber deutlich vernehmbar und verständlich zu machen. Alles andere an mir war nutzlos, wertlos, und nur der eine Körperteil, mein linker Fuß, war das einzige arbeitsfähige Glied an meinem ganzen Körper. Ohne ihn wäre ich verloren, zum Schweigen verurteilt, machtlos.
„Ja, ich weiß, es ist schwer", sagte sie, meine Gedanken erratend. „Es ist ein ungeheuer großes Opfer. Aber es ist der einzige Ausweg – es gibt keine Ausflüchte. Wenn du weiterhin deinen linken Fuß gebrauchst, magst du eines Tages mit seiner Hilfe ein großer Künstler oder Schriftsteller werden – aber du wirst niemals geheilt werden. Du wirst niemals gehen, sprechen oder deine Hände gebrauchen können, und wenn du all dies nicht ausführen kannst, kannst du auch in keiner menschlichen Gesellschaft ein normales Leben führen. So beschränkt

sich alles auf diesen einen Punkt – willst du versprechen, niemals wieder deinen linken Fuß zu gebrauchen?"
Ich sah ein, daß das, was sie sagte, klug und weise war. Man durfte sich wirklich nicht auf Halbheiten einlassen. Von nun an hieß es, den Kampf ernstlich aufzunehmen, und wenn ich ihn gewinnen wollte, mußte ich alles, was ich nur konnte, zum Einsatz bringen – ich mußte einen hohen Preis bezahlen, – vielleicht war der Preis sogar grausam –, um einen größeren Gewinn zu erzielen. Es würde fürchterlich sein, aber es bestand die Möglichkeit, daß es am Ende den Sieg brachte.
„Ich will", sagte ich zu Mrs. Collis – und niemals sonst habe ich ein Wort so deutlich ausgesprochen.
Sie ergriff meine Hand und drückte sie fest, ihre Augen leuchteten. „Das ist tapfer. Es wird nicht leicht sein. Du mußt mit Leib und Seele bei der Arbeit sein, die wir dir vorschreiben werden, und selbst dann wird es langsam, sehr langsam vorangehen, besonders in deinem Alter. Aber der erste Schritt ist getan – alles weitere hängt von dir ab."
Ich wußte nicht, warum ich aufhören sollte, meinen linken Fuß zu gebrauchen, um einer Behandlung unterzogen werden zu können, aber Mrs. Collis erklärte es mir später. Sie sagte mir, daß, obwohl der Gebrauch meines linken Fußes mir geistig von Nutzen sei, weil er meiner eingekerkerten Seele eine Möglichkeit gegeben hatte, sich zu äußern, er sich körperlich doch für mich ungünstig ausgewirkt hätte, da der Gebrauch des Fußes für den übrigen Körper eine große Verspannung bedeute. Durch den Gebrauch des linken Fußes hätte ich zwar mein geistiges Angespanntsein etwas gelockert, aber dafür auch den Zustand meiner an sich schon verkümmerten Muskeln nur noch verschlimmert. Solange ich mich durch den Gebrauch meines linken Fußes verständlich machen könne, würde ich niemals daran denken, meine Hände zu gebrauchen. Wenn ich hingegen meinen Fuß nicht mehr benutzen

könne, würde ich mich darauf konzentrieren müssen, von meinem übrigen Körper Gebrauch zu machen.

Alles sehr logisch, dachte ich. Nichts konnte richtiger und vernünftiger sein. Aber es bestand ein so großer Unterschied zwischem dem Wort und der Tat, ein solcher Unterschied zwischem dem Nachdenken über all diese Dinge und der tatsächlichen Durchführung! Es handelte sich nicht nur darum, meinen Schnürsenkel festzuknoten und meinen armen, alten linken Fuß zu fesseln. Es traf mich viel tiefer. Mir war zumute, als sei ich im Begriff, mich selber einzusperren und den Schlüssel wegzuwerfen.

Aber was konnte ich denn anderes tun, als auf den „Handel" einzugehen? Wenn ich dazu zu feige wäre, würde die Vergangenheit wieder über mich herfallen mit all ihrer Bitterkeit und ihrem düsteren Pessimismus, dunkel und ohne Sonne wie ein Winterhimmel. Wenn ich hingegen die Gelegenheit wahrnähme und meinen linken Fuß, so wie er war, einfach „abhackte", dann würde ich in eine neue Lebensphase eintreten, eine völlig neue Art des Denkens und Handelns würde sich anbieten, und schon das allein wäre jedes Opfer wert.

Wir flogen noch am selben Abend nach Dublin zurück. Dr. Collis holte uns vom Flughafen ab und fuhr uns in seinem Wagen nach Hause. Offenbar hatte Mrs. Collis sich schon telephonisch mit ihm in Verbindung gesetzt, und nun war er über ihre guten Nachrichten hocherfreut. Er erzählte mir, daß es ihm vor kurzem gelungen sei, in der Merrion Street in Dublin eine Cerebral Palsy Clinic einzurichten und daß die Malteserritter und die St. Johann-Brigade sich bereit erklärt hätten, die verkrüppelten Kinder in die Klinik und wieder nach Hause zu fahren. Die Kinder sollten von neun Uhr morgens bis zwölf Uhr mittags behandelt werden. Ich solle vom nächsten Montag an daran teilnehmen, und der Sanitätswagen werde bei uns vorfahren, um mich abzuholen.

„Es gibt nichts, was du nicht erobern könntest, Christy", sagte er zu mir und legte seine Hand auf meine Schulter: „Und denke daran, daß ich auf dem ganzen Wege bei dir sein werde."
Aber ich wußte damals, daß meine erste Aufgabe darin bestand, mich selber zu besiegen, und daß die wahre Schlacht erst begann.

Was hätte sein können, wenn ...

Die Aussicht, zum erstenmal in die Klinik zu fahren, war für mich sehr aufregend. Ich hatte nicht die geringste Ahnung, wie es dort sein würde. Ich stellte mir kalte Marmorwände vor, Menschen in weißen Kitteln und den ständigen Geruch von Desinfektionsmitteln.
An dem denkwürdigen Montagmorgen fuhr der Krankenwagen des Johanniterordens gegen neun Uhr dreißig an unserer Tür vor; ängstlich betrachtete ich ihn mir vom Fenster aus. Wenn ich an Krankenwagen dachte, hatte ich mir etwas vorgestellt, was mit Begräbnis verbunden war: düstere, furchteinflößende Dinger voller blutender Körper.
Nun war aber der Fahrer ein fröhlicher, lachender Mann, der meinem Vater half, mich emporzuheben. Deshalb war ich schon etwas weniger ängstlich. Als ich auf meinem Platz saß, blickte ich mich nach meinen Leidensgenossen um. Ich sah, daß ich der weitaus älteste von ihnen allen war. Auf der Bahre vor mir lag ein kleines Kind, nicht viel mehr als ein Säugling, mit steifen Armen und verbogenen, krummen Beinen und einem Kopf, der in einem merkwürdigen Winkel zu dem übrigen Körper lag. Neben ihm saß ein kleines Mädchen mit hellblondem Haar und sehr großen Augen. Es war sehr hübsch, aber seine Beine waren dünn und mißgeformt, mit hervortretenden Knochen, und die ruhelosen, zitternden Hände sahen

aus wie meine eigenen, sie waren nur kleiner und zerbrechlicher. Es lächelte die ganze Zeit und versuchte, die blonden Locken aus den Augen zu streichen. Auf dem Sitz neben mir lag ein kleines Kind, völlig leblos mit verzerrten, wie erfrorenen Gesichtszügen, die mit Ausnahme der Augen ausdruckslos waren, und diese Augen wanderten ruhelos und forschend in die Runde. Die beiden Augen waren das einzige Lebendige an ihm – sie waren wie zwei erleuchtete Fenster in einem dunklen Haus. Schließlich bog der Krankenwagen in die Merrion Street ein und hielt vor einem großen steingrauen Gebäude.
Ich schaute zum Fenster hinaus. Es war eine lange, breite Einfahrt mit stattlichen Häusern zu beiden Seiten. Sie hallte wider von dem fast ununterbrochenen Dröhnen des Verkehrs. Jeder, der durch diese Einfahrt ging, schien sehr geschäftig zu sein, so als begäben sie sich alle zu wichtigen Konferenzen. Das war gar nicht so unnatürlich, wie es aussah, denn später erfuhr ich, daß auf der anderen Seite der Straße die Regierungsgebäude lagen, in denen die schwierige Arbeit, die Geschicke einer ganzen Nation zu lenken, ausgeführt wurde.
Ich drehte mich um und erblickte Dr. Warnants, der die Stufen des Gebäudes, vor dem wir angehalten hatten, herabkam. Als ich ihn wiedersah, fühlte ich mich beruhigt. Ich konnte nicht gehen, und, soweit ich auch um mich blickte, nirgends war eine Spur von einem Wagen oder Rollstuhl zu sehen, um mich in das Gebäude zu fahren. Ich blickte Dr. Warnants an, und er blickte zu mir zurück. „Ich werde wohl wieder den starken Mann spielen müssen, alter Freund“, sagte er mit einem Achselzucken.
Dann packte er mich bei den Beinen und warf mich über seinen Rücken. Als er mich die Stufen hinauftrug, sah ich ein kleines goldenes Schild an der Wand, auf dem geschrieben stand:
„Dublin Orthopaedic Hospital.“

Das klingt schlecht, sagte ich mir. Ich möchte wissen, was dieses schrecklich gewichtige Wort eigentlich bedeutet.
In meiner Lage auf Dr. Warnants' Schulter konnte ich nicht viel von meiner Umgebung erkennen, aber durch den ständigen Anblick des Fußbodens und der unteren Teile der Wände wußte ich, daß wir mitten durch das Gebäude hindurchgingen. Wir stiegen eine Treppe hinunter, gingen ein Weilchen durch einen im Halbdunkel liegenden Flur, öffneten an seinem Ende eine baufällige, alte Tür und gelangten wieder ans Tageslicht.
„Das war die eine Reise", sagte Dr. Warnants keuchend. „Jetzt kommt die nächste."
Ich konnte sehen, daß wir uns jetzt auf einer Art Feld oder dergleichen befanden, denn zu beiden Seiten des Kiesweges, über den ich getragen wurde, wuchs Gras, und als ich meinen Kopf aus seiner herabhängenden Lage emporhob, konnte ich ringsumher Bäume erkennen. Aber ich war nicht in der richtigen Stimmung, um die Gegend zu bewundern. Ich war nicht einmal in der Lage, es zu tun, denn ich spürte jetzt, wie das Frühstück, das ich vor einer Stunde zu mir genommen hatte, bei jedem Schritt, den Dr. Warnants machte, wieder in meinen Hals stieg. Ich mußte meine Kehle zudrücken, um das Frühstück zurückzuhalten.
„Das ist das Ende der holprigen Reise, Christy – vorläufig!" sagte Dr. Warnants und schnappte nach Luft.
Ich brachte es fertig, meinen Kopf herumzudrehen und konnte nun ein langes, schmales, einstöckiges Holzgebäude wahrnehmen, das wie eine Turnbaracke aussah. Als wir näherkamen, hörte ich Kinderstimmen, lachende und auch weinende – die meisten Kinder schienen zu schreien.
Der Arzt stieß die Tür auf und ging hinein, indem er mich, immer über seiner Schulter hängend, trug. Im Augenblick, als wir eintraten, schlug mir die ganze Kraft des Lärms entgegen und bereitete mir einen beinahe

körperlichen Schmerz. Der Lärm war fürchterlich. Kinder weinten, brüllten, schrien, sie schmetterten Spielzeug und alles, was sie erwischen konnten, gegen die Wände und auf den Fußboden, sie strampelten mit den Beinen in der Luft, stampften mit den Füßen, krabbelten und krochen übereinander weg wie Krebse. Es war scheußlich. Ich sah mich um, als Dr. Warnants mich auf den Boden warf, und hätte gern gewußt, ob ich wohl an den falschen Ort gebracht worden war, denn ich bemerkte, daß keines der Kinder älter als höchstens drei Jahre war. Ich glaubte, es müsse sich um eine Art Kleinkinderbewahranstalt oder Krippe handeln. Ich entdeckte, daß der einzige Erwachsene im Raum außer Dr. Warnants und mir ein junger Mann war, den ich als Mr. Gallagher erkannte. Er lächelte, als er mich sah – und daraufhin dachte ich, was für ein prächtiger Mann er doch sei.
„Heute keine Behandlung, Christy", sagte Dr. Warnants lächelnd, als er an mir vorbeiging, während er zwei kleine Kinder in seinen Armen zum anderen Ende des Raumes trug. „Heute nur ausruhen und zusehen."
Und trotzdem war das schon eine Heilweise für sich, dieses Nur-Zusehen. Es war eine Unterweisung, eine Ausbildung in menschlichem Leid, eine neue, recht erschreckende Erfahrung für jemanden, der bis vor kurzem niemals das Leben jenseits der eigenen vier Wände gesehen hatte. Im Vergleich mit dieser völlig neuen Seite des Lebens, wie es sich mir jetzt zeigte, war das, was ich in Lourdes gesehen hatte, nur ein schwacher Abglanz. Dies hier war der eigentliche Kern, die Bestätigung einer Vorahnung. Die leidenden Menschen, denen ich bei der Grotte in Lourdes begegnet war, waren alle erwachsen gewesen, alle erwachsene Männer und Frauen, freilich einige von großem Leid heimgesucht, hinter oder vor sich nichts weiter als ein zerstörtes Leben; aber sie konnten doch alle ihr eigenes Elend wenigstens ermessen oder sich ihm fügen. Aber hier gab es nichts dergleichen – hier

gab es keine Urteilskraft, nur Hilflosigkeit –, Hilflosigkeit und nahezu Grausen, in Gestalt von armseligen Kindlein, die sich drehten und wanden – mit verkrümmten kleinen Gliedmaßen, mit unförmigen Köpfen und verzerrten Gesichtern. Einige lagen wirr zusammengedrängt auf dem Fußboden, leblos und bewegungslos wie leere Säcke, die man unachtsam an verschiedene Stellen im Raum hingeworfen hatte. Andere wurden von Krämpfen geschüttelt, sie schlugen mit wilden, nicht enden wollenden Bewegungen um sich, diese Bewegungen durchzuckten ihre kleinen Körper wie elektrischer Strom, der nie abgeschaltet wird, und von diesem Strom wurden sie erfaßt, sie wälzten sich hin und her, sie zuckten zusammen, ihre Glieder verzerrten sich in ununterbrochener Folge. Ich sah, wie ihre kleinen Hände sich zusammenpreßten, ihre Beine sich krümmten, als seien sie in einen Schraubstock eingeklemmt, ihre Köpfe hingen schief herab. Mir wurde plötzlich zum erstenmal klar, wie ich selber als Kind ausgesehen haben mußte.

Ich hätte sie leicht bemitleiden können, sie waren so jung, so hilflos und verängstigt, so völlig auf andere Menschen angewiesen –, aber ich tat es nicht, denn ich erinnerte mich daran, wie tief ein mitleidiger Blick mich einst verletzt hatte. Anstatt Mitleid begann die Empfindung einer Seelenverwandtschaft in mir aufzusteigen, ein Gefühl der Zusammengehörigkeit mit jenen Kindern, es gab ein Bindeglied, das mich in die Lage versetzte, die wahre Persönlichkeit, die hinter den grotesk arbeitenden Gesichtern und den angespannten, steifen Gliedern lebte, zu sehen und zu *fühlen*; eine Art brüderlichen Einvernehmens ließ mich weiter sehen, hinter verzerrten Muskeln und Knochen erblickte ich die gefangenen Seelen, die in ihrem Innern wohnten. Ich erkannte, daß ich nicht der einzige war, der hinter Gefängnismauern eingekerkert lebte.

Als ich an jenem Tage nach Hause kam, umdrängte mich

die ganze Familie, alle wollten wissen, wie es in der Klinik zuging. Aber ich konnte nichts sagen, denn ich hatte etwas gesehen und etwas empfunden, was sich mit Worten nicht beschreiben ließ.

Ungefähr eine Woche lang wurden in der Klinik, wie Dr. Warnants es darstellte, erst einmal die Voraussetzungen für meine Heilbehandlung geschaffen, danach wurde ich langsam in die Behandlungsweise eingeweiht. Ich fand, daß es genau die gleiche Methode war, nach der ich zu Hause gearbeitet hatte, nur daß jetzt natürlich die Übungen in erweitertem Umfang und systematischer durchgeführt wurden. Die Übungen in der Klinik gingen mehr ins einzelne, sie waren komplizierter – und erforderten sehr viel mehr Ausdauer und Tatkraft. Zuerst, um ganz ehrlich zu sein, kam ich mir beim Turnen ziemlich töricht vor; ich fühlte, daß ich einen lächerlichen Anblick bieten mußte, wie ich da in einem Zimmer voller kleiner Kinder saß, es war ein bißchen albern, dieselben Übungen machen zu müssen wie sie – wirklich, ich kam mir vor wie ein Elefant inmitten einer Schar von Kätzchen, und ich war überzeugt, daß ich auch tatsächlich so aussah.

Oftmals, wenn ich mich inmitten der Kinder auf meinem Bauch fortbewegte – das gehörte auch zu den Übungen, denn ich durfte nicht mehr, wie ich es gewohnt war, auf meinem Hinterteil rutschen – pflegte ich plötzlich innezuhalten, als würde ich mir zum erstenmal meiner Umgebung bewußt, ich blickte dann langsam in die Runde auf all die sich windenden, leblosen Körper, die auf dem Fußboden um mich herum lagen, ich betrachtete die Gesichter von Dr. Warnants und Mr. Gallagher, die sich über die Kinder beugten, ich sah die Zimmerdecke mit ihren knorrigen braunen Balken, die hölzernen Wände mit ihren hohen Fenstern, durch welche ich hin und wieder einen Blick auf blauen Himmel und weiße Wolken und das grüne Laub der Bäume draußen im Garten werfen konnte – ich sah all dieses, und dann hielt ich ganz plötzlich inne und fragte mich:

„Was habe ich, Christy Brown, hier zu suchen? Was bedeutet das alles für mich – dieses fremde Haus, das man Klinik nennt, diese beiden Ärzte, die in Hemdsärmeln einhergehen, diese verkrüppelten Kinder mit ihren seltsam verzerrten Körpern und baumelnden Köpfen – was habe ich mit alledem zu tun? Warum bin ich hier, an diesem wunderlichen Ort, anstatt zu Hause in meinem Schlafzimmer zu schreiben?"

Ja, so war es; ich hatte mich bis jetzt noch nicht an diese neue „Umwelt" gewöhnen können. Ich konnte die Wirklichkeit in ihrem vollen Umfang einfach noch nicht erfassen – die Tatsache, daß ich nun ein Bestandteil dieser fremden und verwirrenden Welt war, dieser neuen, in ständigem Wandel begriffenen Welt mit ihren Menschen und wechselnden Aufenthaltsorten. Ich war wie ein Höhlenmensch, der jahrelang in die Dunkelheit und Enge seiner eigenen beschränkten Behausung eingeschlossen gewesen war und nun plötzlich in die weite, überquellende Welt hinausgestoßen wird. Erstaunt und bestürzt blickte ich um mich, als sähe ich zum erstenmal das Tageslicht und würde von allem, was er mir offenbarte, geblendet. Öfter, wenn ich auf dem Fußboden hockte und, ohne etwas zu sehen, vor mich hinstarrte, fühlte ich, wie von hinten ein Zeh mich leise anstieß. Ich fuhr dann zusammen und blickte mich um, und da stand denn Dr. Warnants über mir und lächelte.

„Träumst du schon wieder!" sagte er zu mir. „Schon wieder in Gedanken bei all den Büchern, die du eines Tages schreiben wirst, ja? Schluß damit, alter Freund! Hier muß gearbeitet werden, wie du weißt."

Ja, ich wußte, es m u ß t e eine Arbeit geleistet werden, und, noch dazu, was für eine Arbeit! Eine Arbeit, die nicht in einem Jahr, in zwei Jahren oder gar fünf Jahren bewältigt werden konnte – sondern eine Arbeit, die in Wirklichkeit ein Menschenalter in Anspruch nahm. Das wußte ich genau. Und dennoch, ich konnte einfach nichts dafür, wenn ich mich unwillkürlich unterbrach und an all das denken mußte, was mir begegnet war, ehe ich begreifen lernte, daß solch eine Arbeit durchgeführt werden konnte. Es ließ sich nicht vermeiden, daß ich hin und wieder an die alten Zeiten dachte – nicht an meine guten alten Zeiten, sondern vielmehr an die grausamen alten Zeiten, an die vielen Tage, an denen ich nichts zu hoffen hatte und nichts, wofür zu leben es sich lohnte, nichts, um den Schmerz der unmittelbaren Gegenwart zu lindern oder die Dunkelheit der fernen Zukunft zu erleuchten, in Wahrheit nichts als den Schmerz und die innere Qual, die mit dem zunehmenden Bewußtsein meiner selbst ebenfalls zunahmen, und dazu mein jammervoller Zustand, den ich nicht verstehen konnte und den ich haßte.

So war es – ich haßte mein eigenes Elend, ich verabscheute es. Ich war gequält, empört –, allein schon bei dem Gedanken, daß ich anders beschaffen war – grausam anders – als andere Menschen. Und doch sollte ich bald erkennen, daß gerade dieses Elend, das ich in meinen schlimmsten Augenblicken für einen Fluch Gottes hielt, eine seltsame Schönheit in mein Leben hineintragen sollte.

Ich hatte die Klinik nun ungefähr ein Jahr lang regelmäßig aufgesucht, als es geschah. Es war an einem schönen Frühlingstag im April, und die Klinik hatte gerade damit begonnen, ihre Pforten wieder einmal zu schließen. Die Krankenpfleger hatten die Kinder in den draußen wartenden Wagen getragen, und ich war als letzter übriggeblieben. Ich saß in einem wackeligen, alten Rollstuhl, den sie in der Klinik dazu benutzten, mich hin und her zu befördern. Ich befand mich vor der Tür, erfreute mich an der warmen Aprilsonne und beobachtete, wie grün

und durchsichtig das Gras aussah, ich hörte die Zweige der Bäume rauschen und wispern. Alles war still und ruhig, denn der Raum in der Klinik hinter mir war längst leer. Man war noch nicht gekommen, um mich zum Krankenwagen zu bringen.
Plötzlich vernahm ich ein Geräusch vom anderen Ende des Kiesweges her. Es war der Klang von leichten Schritten. Ich blickte vom Erdboden auf, wo ich gedankenlos mit meinem Fuß ein paar heruntergefallene Blätter aufgewirbelt hatte. Da erhaschte mein Blick etwas Rotes, das sich oben am Wege zwischen den Bäumen bewegte. Dann bog eine Gestalt um die kleine Wegkrümmung und wurde sichtbar. Es war ein Mädchen.
Ich senkte schnell wieder meinen Kopf und versuchte mühsam, so auszusehen, als sei ich in die Beschäftigung vertieft, die zertretenen Blätter hin- und herzuschieben. Ich hörte die Schritte näherkommen. Sie mußte jetzt dicht neben mir stehen, sagte ich mir. Ich wollte nicht aufblikken, weil ich wußte, daß ich dann vielleicht etwas zu ihr sagen müsse, und weil ich wußte, daß ich nicht normal sprechen konnte. „Sei kein Narr", sagte ich mir.
Ich blickte scheu auf, als das fremde Mädchen bis auf wenige Schritte Entfernung zu mir herangekommen war. Es war, als hätte ich eine Vision: Das grüne Laub der Bäume im Hintergrund und die schwankenden Schatten der Zweige auf dem tauigen Gras. Die Sonne schien von hinten auf ihr blondes Haar, der Schein der Sonne und der Schimmer der Haare gingen ineinander über, so daß es aussah, als sei sie von einem Heiligenschein umgeben. Der Glanz, mit dem die Sonne sie umrahmte, blendete mich beinahe.
Als sie näherkam, sah ich jedoch, daß sie etwas mehr als durchschnittlich groß war, braune Haare und grüne Augen hatte. Ihre Gesichtszüge waren von beinahe klassischer Schönheit; sie schienen so klar geschnitten, so fein und bis ins einzelne ausgeführt, als seien sie aus reinem

weißen Marmor gemeißelt. Ein Hauch von Frische lag an jenem Frühlingsmorgen auf ihren Wangen, und ihre Augen strahlten eine gewisse heitere Ruhe aus, so daß ich nicht anders konnte, als sie unentwegt anzustarren. Ich wußte, daß das ganz ungebührlich war, aber ich war völlig hilflos und nicht imstande wegzusehen. Ich erinnere mich, daß ich, als sie immer näher kam, ganz deutlich zu mir selber sagte: „Das ist das schönste Mädchen, das ich je gesehen habe!"

Als sie sah, daß außer mir niemand da war, schien sie einen Augenblick zu zögern und näherte sich dann entschlossenen Schritts meinem Stuhl.

„Bitte, ist Mr. Gallagher hier in der Klinik?" fragte sie lächelnd.

Meine Zunge war völlig gelähmt, aber nicht nur wegen meiner üblichen Sprachbehinderung.

Schließlich sprudelte ich heraus, daß Mr. Gallagher bald wieder zurückkommen werde, und sie lächelte wieder und ging an mir vorbei in die verlassene Klinik. Eine Woche verging, und ich wollte gerade alle Hoffnung aufgeben, sie wiederzusehen, als ich an einem Donnerstagmorgen in die Klinik kam und, während ich durch die Tür gefahren wurde, sofort, ehe ich etwas anderes sah, dasselbe Mädchen erblickte, es kniete auf dem Fußboden neben einem der Kinder, dem es den Mantel auszog.

Allmählich erfuhr ich im Verlauf der Tage stückweise Näheres über sie: sie war Akademikerin – das erschreckte mich zuerst ein wenig – sie kam aus Galway, und zum Schluß hörte ich, daß ihr Name Sheila sei.

Wenn ich in meiner Ecke saß, beobachtete ich sie und sah, wie ihr das Haar ins Gesicht fiel, wenn sie niederkniete und mit den Kindern plauderte, und wie sie es ungeduldig mit einer Armbewegung zurückstrich. Wenn sie unerwartet zu mir herüberblickte, wandte ich verwirrt den Kopf ab und summte eine Melodie vor mich hin.

Später einmal fühlte ich mich eines Morgens in meinem

Innern besonders verzagt; ich fühlte mich unendlich elend, wie ich gegen die Wand gelehnt dasaß mit niedergeschlagenen Augen und in Gedanken versunken, verloren in einem finsteren Abgrund von Pessimismus. Ich fühlte mich in die alte Stimmung von Niedergeschlagenheit und Hoffnungslosigkeit abgleiten, die hin und wieder aus der Vergangenheit auftauchte und über mich herfiel. Da sagte plötzlich eine Stimme zu mir:

„Nicht den Mut verlieren, Christy!“

Ich fuhr herum und sah, daß Sheila aus der Mitte des Zimmers ermutigend zu mir herüberlächelte. Dieses eine Lächeln nahm die Depression von mir.

Daraufhin wurden wir gut bekannt miteinander. Ich hatte allmählich mehr Freude an meinen Turnübungen. Dann brachte ich ihr eines Morgens sehr wagemutig einen Brief mit, den ich am Abend zuvor meinem Bruder diktiert hatte. Sie nahm ihn mit nach Hause, las ihn und brachte am nächsten Morgen eine Antwort mit.

Natürlich verlor ich keine Zeit, dies Briefchen zu beantworten, und so begannen wir eine Korrespondenz. Auf diese Weise hatte ich einen Weg gefunden, eines der größten Hindernisse aus dem Weg zu räumen, wenn nicht *das größte* Hindernis, das zwischen mir und anderen Menschen aufgerichtet stand – das große Hindernis meiner unverständlichen Sprache. Was ich mit meinen Lippen nicht zu sagen vermochte, würde sich auf Papier zum Ausdruck bringen.

Es standen allerdings noch sehr hohe Mauern um mich herum, aber ich war im Begriff, sie abzutragen. Sie abtragen – ja, aus ihnen ausbrechen – ja. Aber was lag außerhalb dieser Mauern? Die Menschen sprachen immer von „Freisein“, „Befreiung“ und „Erlösung“ von körperlichen Leiden. Aber ich erkannte, daß es nicht nur einfach eine Frage der Überwindung, oder auch nur des Bekämpfens meines eigenen Gebrechens war, es handelte sich nicht nur darum, daß ich ein kleiner tapferer Held sein mußte, dem man auf den Rücken klopft und sagt, „ich würde bald soweit sein". Wenn man mit dem „soweit" nur körperliche Unabhängigkeit meinte, dann traf es zu, wenn man aber gleichzeitig auch völlige Unabhängigkeit zum Ausdruck bringen wollte, völliges Freisein von allen Konflikten, die den Geist und das Gefühlsleben betreffen, so war man im Unrecht. Dann waren all diese schön klingenden Worte wie „Freisein" und „Befreiung" hohle Phrasen. Denn ich erkannte jetzt allmählich selber, daß der Schmerz und die Bitterkeit, die ich in der Vergangenheit während meiner „Gefangenschaft" empfunden hatte, als ich noch hinter meinen Gefängnisgittern saß, gleich null waren im Vergleich mit dem Schmerz und der Bitterkeit, die ich jetzt empfand, ausgerechnet jetzt, als ich darum kämpfte, mich aus meinen Fesseln zu befreien, als an die Stelle meiner alten Hoffnungslosigkeit eine völlig berechtigte Aussicht auf Besserung getreten war. Ich litt jetzt unter dem Schmerz, den geistreiche Menschen mit dem Namen „Erwachen" und „Bewußtwerdung" zu bemänteln suchen. Es handelte sich nicht um kindliche Trauer, die wie Aprilregen kam und ging, sondern um den Schmerz von Erwachsenen, einen Schmerz, der ebenfalls kommen und gehen mochte, der aber in meiner Seele einen tieferen Eindruck hinterließ, eine tiefere Narbe. Ich fühlte jetzt, wie ich zu einer stärkeren, einer beharrlicheren Bewußtheit meiner eigenen Nöte heranreifte, und das war für sich allein schon Schmerz genug. Aber der Schmerz drang noch tiefer, als ich mir darüber hinaus noch der Unmöglichkeit bewußt wurde, einen einigermaßen angemessenen Ausdruck für solche Nöte zu finden, als ich erkannte, daß, gleichgültig wie ich meine körperlichen Behinderungen mit der Zeit auch überwinden mochte, doch mein Leben, mein inneres, seelisch-geistiges Leben, das Leben, auf das es schließlich und endlich allein ankam, niemals wirklich „normal" sein würde, niemals würde wirklich „normal" sein kön-

n e n. Ich würde nur immer stilliegen müssen, eingeschlossen in mein eigenes Innenleben, unterdrückt, anstatt zur Entfaltung gebracht.
Mit der Zeit jedoch und mit Hilfe der Klinik würde ich mich so weit überwinden lernen – daß ich imstande sein würde, ein normales Leben zu führen, oder wenigstens ein gewöhnlicheres, unabhängigeres Leben. Aber ich wußte tief in meinem Innern, daß immer etwas fehlen würde – immer würde eine Lücke klaffen, niemals könnte das Bild vollendet werden, und niemals könnten die Steinchen des Mosaiks sich auch nur einmal zu einem vollkommenen Ganzen zusammenfügen. Immer würde ein Teil fehlen. Mein Leiden war letzten Endes nicht „unheilbar". Aber etwas anderes war nicht zu bessern – das Fehlen einer wirklich „normalen" menschlichen Verständigung und Verbundenheit. Gleichgültig, wie weit ich meines Gebrechens Herr werden mochte, niemals würde ich ein normales Individuum sein, das ein normales Leben führt. Der alte „Unterschied" würde immer bestehen bleiben. Ich sehnte mich so verzweifelt danach, zu lieben und geliebt zu werden, aber ...
Es war eine bittere Erkenntnis, aber eine richtige, eine notwendige Erkenntnis. Was sollte es mir nützen, wenn ich meine Augen schloß und jeder unangenehmen Feststellung gegenüber meiner eigenen Person den Rücken kehrte? Oftmals war ich versucht, es zu tun, aber ich hätte die endgültige Bewährungsprobe dadurch nur länger hinausgeschoben; einmal mußte sie kommen. Sie kam, sie machte mich traurig, eine Zeitlang verbittert, aber zuletzt verlieh sie mir auch eine größere innere Kraft. Wenn ich niemals wirklich wie andere Menschen sein konnte, dann wollte ich wenigstens ich selber sein und das Beste aus mir herausholen.
So kam es, daß letzten Endes Sheila der beste Freund war, den ich überhaupt hätte finden können. Sie war wie ein Spiegel, in dem ich mich endlich unverhüllt sehen

konnte. Das bedeutete den ersten Meilenstein in meinem Leben als Erwachsener, und durch sie lernte ich, weiterzuwandern, ohne in eine der Fallgruben zu stürzen, die am Wege lagen. Wir schrieben einander viele Briefe, die meinen waren verträumt, schwärmerisch, die ihren voller Weisheit:

„In einem Deiner Briefe sprichst Du davon, wie manche Menschen Dich für einen Helden halten, daß Du Dich aber keineswegs wie ein Held fühltest. Ich weiß nicht genau, was ein Held ist, aber hiermit sage ich Dir, wie ich über Dich denke: Der liebe Gott hat Dich mit einem ausgezeichnet arbeitenden Gehirn und einer künstlerischen Ader ausgestattet. Er hat Dir auch ein körperliches Gebrechen mitgegeben. Mit der zuerst genannten geistigen Ausrüstung konnte Deine augenblickliche Auseinandersetzung mit Deiner Krankheit nicht ausbleiben ... Denke aber auch an Deine Mutter, ohne deren gesunden Menschenverstand Du leicht ein sehr widerwärtiger junger Mann hättest werden können, der immer nur von dem spricht, ‚was hätte sein können, wenn‘...“

Ich habe zu Hause in meinem Arbeitszimmer eine kleine braune Schachtel, sorglich behütet, in deren Innerem die Briefe, die ich von Sheila erhielt, aufbewahrt liegen, alle zusammengebunden mit einem kleinen sentimentalen, blauen Bande. Insgesamt zweiunddreißig ... Ich habe sie neulich gezählt ...

Die Schreibfeder

Meine Erlebnisse und Eindrücke in der Klinik erfüllten meinen Geist mit vielen neuen Gedanken. Es schien, als sei ein Vorhang von meinen Augen gehoben, als hätte ich endlich den Schlüssel zu einer Sache gefunden, mit der ich mich lange, lange Zeit herumgequält und über die ich mir den Kopf zerbrochen hatte.

Ich hatte das verzweifelte Verlangen, etwas zu sagen, nicht nur zu meiner Familie, nicht nur zu meinen Freunden, sondern am liebsten zu jedem einzelnen Menschen, zur Welt in ihrer Gesamtheit. Es rührte sich in mir, ich verspürte einen inneren Drang, etwas auszusagen, und ich wollte, daß es den Weg aus mir herausfinde, daß ich es anderen mitteilen und es ihnen verständlich machen könne. Ich fühlte, daß ich etwas entdeckt hatte, etwas, wonach ich schon immer gefahndet hatte, seitdem ich überhaupt über mich selber nachzudenken und etwas zu empfinden begonnen hatte. Es hatte Jahre gebraucht, danach zu suchen, aber jetzt war ich gewiß, daß ich es endlich gefunden hatte, und nun fühlte ich plötzlich das Bedürfnis, es den vier Winden anzuvertrauen und es so um die Welt ziehen zu lassen, auf daß es seine Botschaft ins Herz eines jeden Menschen trage.

Es war nicht nur etwas über mich selber, sondern über alle, die ein Leben führten, das dem meinen ähnlich war, ein Leben in Fesseln und auf allen Seiten von den hohen Mauern eines eingeengten, unterdrückten Daseins umschlossen. Ich fühlte, daß ich endlich eine Möglichkeit gefunden hatte, die Mauern abzutragen und aus ihrem Schatten zu entfliehen, eine Möglichkeit, meinen Platz in der Sonne einzunehmen und meine Rolle in der Welt, in der Gemeinschaft der Menschen, die einen gesunden Körper haben, zu spielen.

Aber – wie konnte ich das, was ich sagen wollte, zum Ausdruck bringen, das, von dem ich wollte, daß jeder es wisse? Meine Hände waren völlig unbrauchbar; sie waren immer noch verkrümmt und widerspenstig, immer noch unfähig, etwas zu greifen oder festzuhalten. Auch meine Lippen konnten die Gedanken nicht aussprechen, die durch meinen Geist wirbelten wie Schwärme von ungeduldigen Bienen, denn ich war immer noch nicht imstande, außerhalb meines Familienkreises eine verständliche Sprache zu sprechen, so daß ich im allgemeinen immer noch stumm, immer noch zu einem brütenden Schweigen verdammt war.

Wie stand es um meinen treuen alten Freund, meinen linken Fuß? Der Fuß, der mir so gute Dienste geleistet hatte und der meine einzige Waffe gegen Verzweiflung und Enttäuschung in all jenen Jahren gewesen war? Konnte ich ihn jetzt nicht gebrauchen? Nein! Das war unmöglich. Ich konnte meinem Versprechen, das ich Mrs. Collis gegeben hatte, nicht untreu werden. Ich mußte mich für einen Verräter halten, wenn ich es tat. Ich hatte mir etwas vorgenommen, und ich war entschlossen, meinem Vorsatz treu zu bleiben.

Dennoch war es nicht nur ein peinigendes Pflichtbewußtsein, das mich davon abhielt, meinen linken Fuß zu benutzen. Das Pflichtgefühl allein, fürchte ich, wäre nicht stark genug gewesen, um mir dabei behilflich zu sein, der Versuchung zu widerstehen. Ich konnte ihr widerstehen, weil ich wußte: wenn ich jemals wieder anfinge, meinen Fuß zu gebrauchen, würde ich meiner eigenen Besserung im Wege stehen. Meine Aussichten, jemals ein tätiges, wenn auch kein normales Leben zu führen, würden sich sehr vermindern. Ich hatte meinen linken Fuß gefesselt und aus dem Wege geräumt, und nun dürfte ich ihn auch nicht wieder in Dienst stellen. Das würde gewissermaßen ein Zeichen des Unterliegens sein, und ich war nicht gewillt, die weiße Fahne zu schwenken.

Es hatte den Anschein, als sei ich an einem toten Punkt angelangt; wo ich mich auch hinwandte, der Weg war versperrt. Ich empfand, was jeder empfinden würde, wenn er an Händen und Füßen gefesselt ist und einen Knebel im Munde hat.

Dann hatte ich plötzlich eine Idee, eine Eingebung. Eines Nachmittags saß ich in der Küche und dachte darüber nach, wie ich einen Weg finden könnte, um alles, was ich zu sagen begehrte, zu Papier zu bringen. Da sah ich einen meiner Brüder über ein Schreibheft gebeugt am Tisch sitzen. Er hielt eine Schreibfeder in der Hand, mit der er etwas ins Heft schrieb. Es war Eamon, der damals gerade zwölf Jahre alt war, und er machte seine Hausaufgaben – einen englischen Aufsatz, was ihm, wie ich seiner finsteren Miene entnehmen konnte, nicht gerade viel Spaß machte. Die Vorstellung, daß er dort am Tisch saß und schrieb, und doch nicht wußte, worüber er schreiben sollte, während ich hier am Fenster saß mit meinem von Gedanken überströmenden Hirn und doch nicht imstande war, eine Feder in meiner Hand zu halten, ließ mich beinahe vom Stuhl aufspringen und Amok laufen! Statt dessen beugte ich mich vor und fragte ihn, was er tue.

„Ich versuche, einen Aufsatz für die Schule zu schreiben", antwortete Eamon mit einem Seufzer. „Ich werde mir Ohrfeigen holen, wenn ich es nicht richtig mache."

Ich sah meine Chance und versprach Hilfe unter der Bedingung, daß er mir einen Gegendienst leiste.

„Natürlich will ich das", sagte er vertrauensvoll. „Was soll ich für dich tun?"

„Für mich schreiben", sagte ich kurz.

Seine Miene verdüsterte sich. „Aber ich kann ja nicht einmal das schreiben, was ich selber schreiben soll!" widersprach er. „Ich wüßte nicht, was ich zu sagen hätte!"

„Dummkopf", antwortete ich. „Du brauchst nur einfach die Feder zu halten, und ich werde dir sagen, was du niederschreiben sollst."

Mein Bruder hatte bei diesem Vorhaben große Bedenken; es klang zu kompliziert für ihn, und er dachte, etwas sei faul an der Sache. Gleichzeitig wollte er aber diesen Aufsatz richtig hinkriegen, deshalb ging er schließlich auf meinen Vorschlag ein, und ich machte für ihn seinen Hausaufsatz.

Als wir fertig waren, gingen wir in mein Arbeitszimmer hinter dem Hause, ich holte mein billiges Notizbuch aus der Schublade, wir setzten uns an den Tisch und blickten einander an.

„Was soll ich denn für dich aufschreiben?“ fragte mein Bruder arglos, während er die Feder gewichtig in der Hand hielt.
Ich blickte zum Fenster hinaus auf die Zweige der Bäume, die vor dem hellen Frühlingshimmel schaukelten, ich dachte ein bißchen nach, wandte mich dann wieder um und blickte in das erwartungsvolle Gesicht meines kleinen Bruders.
„Die Geschichte meines Lebens“, sagte ich zu ihm. Der arme Eamon ließ die Feder klirrend auf den Tisch fallen. „Deine . . was?“ fragte er.
Ich sagte es ihm noch einmal, und diesmal verhielt er sich ganz ruhig.
Schließlich erreichte ich es, daß er einwilligte, für mich „auf unbestimmte Zeit“ zu schreiben. Wir begannen noch am selben Nachmittag ohne jede Vorbereitung.
Ich war achtzehn Jahre alt, als ich den ersten Versuch machte, meine Autobiographie zu schreiben. Es war ein gewaltiges Stück Arbeit, ein ganzer Urwald von sieben- und achtsilbigen Wörtern. Meine einzige Lektüre war bisher Dickens gewesen, und in meiner Unerfahrenheit hielt ich es für meine Pfllicht, in seinem Stil zu schreiben und den Versuch zu machen, es ihm gleichzutun – mit dem Ergebnis, daß das Englisch, das ich anwandte, fünfzig Jahre außer Gebrauch war! Ich benutzte Wörter und Sätze, an denen sich jeder in wenigen Sekunden die Zunge zerbrochen hätte. Die Wörter waren so lang, daß ich jeden Buchstaben einzeln buchstabieren mußte, ehe mein Bruder ihn aufs Blatt schreiben konnte. Noch heute möchte ich wissen, wie es möglich war, daß keiner von uns beim Schreiben dieses ungeheuerlichen ersten Versuchs einen Nervenzusammenbruch erlitt. Das Werk muß bis zu Zehntausenden von Wörtern angewachsen gewesen sein, ehe ich den Mut verlor. Schwerfällig schleppte sich die Arbeit weiter und weiter wie ein Strom von geschmolzenem Blei. Mein armer Bruder bekam öfter einen

Schreibkrampf. Er hatte annähernd vierhundert Manuskriptseiten geschrieben, ehe ich erkannte, daß, wenn ich so weitermachte, das Buch ewig dauern würde.

Sein Titel war bezeichnend für das Ganze: „Reminiszenzen eines Schwachsinnigen"! Das sollte recht ironisch klingen, es sollte so etwas wie ein Schlag ins Gesicht sein, für jene Ärzte bestimmt, die an meinem gesunden Menschenverstand gezweifelt hatten, als ich fünf Jahre alt war.

Die Sprache war nicht nur unmöglich, sie war auch bombastisch. So sprach ich zum Beispiel von mir selbst, anstatt mich einfach als Krüppel zu bezeichnen und es dabei bewenden zu lassen, als von einem „unglücklichen Stückchen Menschheit" und dann wieder als von einer „Fehlgeburt des Himmels". Außerdem liebte ich es sehr, ein einfaches, klares Wort in ein umständliches und falsches zu verwandeln, indem ich die Endung „ismus" anhängte; anstatt „Depression" zu sagen, sagte ich „Depressionismus", und ebenso hatte ich eine große Geschicklichkeit im Gebrauch abseitiger abstrakter Ausdrücke erworben, mit denen ich nun meine in ihrem Wesen ganz einfachen Gedanken auszudrücken suchte, ich benutzte Wörter wie „Unbegreiflichkeit", wenn ich etwas beschreiben wollte, was nicht geschehen konnte, „inkongruent" für etwas, was nicht zutreffend war, und ich brachte das Wort „materialistisch" sehr oft dann zur Anwendung, wenn ich etwas meinte, was unbekümmert und fröhlich war, so daß ich in meiner damals ungeordneten Denkweise zum Beispiel hätte sagen können, mein Bruder Peter sei ein Materialist, bloß weil er lieber zum Tanz und auf Gesellschaften ging, als daß er Charles Dickens gelesen hätte!

Neulich holte ich einmal einen Teil dieses berühmten Manuskriptes hervor.

Im ersten Kapitel beschrieb ich mein Leben im Elternhaus: „... Ich wuchs im Geist der Doktrinen und moralischen Grundsätze der Arbeiterklasse auf. Wie man in der ganzen Welt weiß, ist das Interesse für literarisches ... Wissen in dieser Klasse der menschlichen Gesellschaft nicht sehr verbreitet ... Intellektualismus ist für diese Art Menschen kein Charakteristikum ..."

Jeder mag genau so wie ich daran herumraten, was dieser letzte Satz bedeuten soll!

Auf Seite zweiunddreißig war ich immer noch mit dem Thema der Arbeiterklasse beschäftigt: „Wenn ich auch zugeben muß, daß Gesellschaftsklassen und soziale Differenzierung für die harmonische Entwicklung der Menschheit notwendig sind, so denke ich doch, daß eine solche Sejunktion nur auf die Bereiche der Moderation beschränkt werden sollte, um so zu verhindern, daß unnötige Vorurteile und überflüssige soziale Reibungen entstehen ..."

Und das schrieb ich, als ich überhaupt noch keine Vorstellung davon hatte, was das Wort „sozial" bedeutete!

Dies alles hieß nun natürlich nicht, daß ich nicht wußte, was ich sagen wollte, aber das Übel bestand darin, daß ich nicht wußte, w i e ich es sagen sollte. Ich hatte noch keinen Weg gefunden, meine Gedanken klar auszudrükken und sie in eine verständliche Form zu bringen. Damals schien ich fest entschlossen zu sein, niemals eine schlichte Feststellung zu machen, wenn ich sie kompliziert ausdrücken konnte. Selten brachte ich einen einzelnen Gedanken in einem einzigen Satz zum Ausdruck. Ich brauchte drei oder vier Sätze, ehe ich befriedigt war und meine Meinung wirklich geäußert zu haben glaubte, manchmal brauchte ich sogar einen ganzen Absatz, um einen einzigen Gedanken zum Ausdruck zu bringen. Ich konnte Abschweifungen niemals widerstehen – oder, ich konnte es nicht lassen, „um den heißen Brei herumzugehen", wie mein Vater zu sagen pflegte.

Die Stelle, die ich jetzt zitiere, zeigt deutlich, wie stark ich von Dickens beeinflußt war, denn der Stil ist so typisch Dickens, daß die Stelle aus jedem beliebigen Buch von ihm stammen könnte.

„... Erst wenn wir von der quirlenden und fieberhaften Emsigkeit des Tages erlöst sind, versinken wir ohne bewußte Anstrengung oder geistige Willenskraft in eine Träumerei, die mit Sehnsüchten und süßen Freuden vermengt ist ... All die glücklichen und tränenreichen Bilder der versunkenen Vergangenheit erstehen vor unserem inneren Auge ... Wir erleben von neuem die Anfechtungen und Freuden, die hinter uns liegen ... wir erinnern uns wieder an die kleinen Eitelkeiten und Täuschungen ... Wir rufen uns zu: ‚Das bin ich nicht gewesen! Niemals bin ich so unachtsam gewesen, gewiß nicht!' ... Doch die Vergangenheit lügt niemals; sie ist unabänderlich ... ach, wenn es doch nicht so wäre! Was für einen Überfluß von Heiligen und Engeln hätten wir dann auf Erden! ..."

Als ich das fabrizierte, war ich achtzehn Jahre alt!

Die Manuskriptseiten häuften sich weiter, Stapel auf Stapel. Ich diktierte weiter, und mein Bruder schrieb weiter, bis wir beide ein Stadium erreichten, daß ich mechanisch sprach und mechanisch schrieb, ohne genau zu wissen, was wir eigentlich taten. Wir drehten uns einfach im Kreise. Ich hatte noch eine unklare Vorstellung davon, daß man annahm, ich schriebe meine Lebensgeschichte, aber ich schien an kein Ziel zu gelangen. Ich sprach immer noch, und Eamon schrieb immer noch, und Tag für Tag füllten sich neue Schreibhefte. Es war nur noch ein Wald von Wörtern mit keinem erkennbaren Weg darin.

Ich wußte, daß etwas nicht stimmte, denn ehe ich zu diktieren begann, waren meine Gedanken genügend klar, aber sobald ich sie zu diktieren versuchte, liefen sie kreuz und quer durcheinander, sie verwirrten sich und wirbelten in meinem Geist wie welke Blätter, die vom Winde bald hierhin, bald dorthin getrieben werden. Es fiel

mir schwer, sie einzufangen und festzuhalten. Meine eigene Dummheit machte mich ganz verrückt.
Ich nannte mich einen Dummkopf; ich nannte meinen armen Bruder einen Dummkopf. Ich beschimpfte alle im Hause und nannte sie Dummköpfe – weil ich nicht so gut schreiben konnte, wie ich wollte! Je länger das „Buch" sich hinschleppte, um so reizbarer wurde ich. Wenn mir irgend etwas in den Weg kam, hob ich einfach meinen Fuß und stieß es wütend beiseite. Ich wurde so mißmutig, daß ich manchmal das ganze Ding verbrennen und aus meinem Gesichtskreis verbannen wollte, aber ich hatte nicht den Mut, es zu vernichten. Ich hatte nun schon beinahe zwei Jahre darangesetzt, und ich konnte es nicht ertragen, auch nur vor mir selber zuzugeben, daß die ganze Arbeit vergeblich gewesen war, daß ich versagt hatte. Ich war zu eigensinnig, um aufzugeben und alles ins Feuer zu werfen. Ich wußte, ich fühlte, daß ich ein gutes Buch schreiben könnte, wenn nur – wenn nur . . .
Das war es! Wenn ich nur jemanden wüßte, der mich beraten könnte, der mir zeigen könnte, wie man klar und folgerichtig schreibt ohne Lücken oder hohle Stellen: jemanden, der wüßte, wovon gesprochen wurde, der mir den richtigen Weg weisen könnte. Ich brauchte eine lenkende Hand; ich brauchte jemanden, der nicht nur Verstand, sondern auch ein Herz hatte.
Aber wo konnte ich diesen Jemand finden, diesen Märchengott? Jedenfalls nicht in Kimmage! In unserem Haus wohnten nur Maurer. Meine Brüder verstanden nichts vom Schreiben, und ich verstand nichts von der Maurerarbeit, so war es. Ich dachte und dachte, aber mir fiel niemand ein. Es sah aus, als wäre ich ganz auf mich allein gestellt. Es schien, als müsse ich allein weitermachen, so gut ich eben konnte, und unter Qualen versuchen, mir allein zum Ausdruck zu verhelfen; als müsse ich nur immer mehr und mehr in die Irre gehen, je weiter ich kam. Eines Tages saß ich niedergeschlagen und schlecht

gelaunt am Fenster, so angeekelt von mir selber, daß ich nicht einmal mehr diktierte. Da leuchtete plötzlich in meinem Geist ein Name auf, so plötzlich, daß ich beinahe vom Stuhl gefallen wäre: „Collis!“ Ich hörte mich laut sagen „Collis!“ Ohne mir zum Denken Zeit zu lassen, rief ich mit gellender Stimme nach Eamon, bat ihn, eine Postkarte aus der Schublade zu nehmen und sie unverzüglich an Dr. Collis zu senden. Ich war sehr kurz angebunden – ich schrieb nur die kleine Benachrichtigung:

„Lieber Herr Dr. Collis. Ich versuche, ein Buch zu schreiben. Wenn es Ihnen nichts ausmacht, kommen Sie doch bitte und helfen Sie mir. Christy Brown.“

Erst nachdem die Karte abgeschickt war, begann ich darüber nachzudenken, was ich getan hatte. Seit über einem Jahr, seitdem ich aus London zurückgekommen war, hatte ich den Arzt nicht mehr gesehen. Ich wußte nicht viel über ihn, außer daß er der Begründer und Leiter der „Cerebral Palsy Association of Ireland“ war. Ich hatte ihn vom ersten Augenblick an geliebt. Als ich ihm zum erstenmal begegnete, war ich in seiner Gegenwart weder verlegen noch befangen gewesen, und das war ungewöhnlich, denn selbst bei Menschen, die ich ganz gut kannte, fühlte ich mich immer fehl am Platze. Manchmal erging es mir sogar mit meiner Familie so.

Aber er war schließlich nur Arzt, nicht wahr? Er mochte der netteste Mann der Welt sein, aber was nutzte das, wenn er mir nicht beim Schreiben behilflich sein konnte? Abgesehen davon, daß er ein netter Mann war, wer war er?

Erst später erfuhr ich, daß er nicht nur Dr. Collis war – sondern auch der Schriftsteller Robert Collis, der Mann, der das berühmte Theaterstück *Marrowbone Lane* und *Das silberne Vlies*, seine Selbstbiographie, geschrieben hatte, außerdem noch andere Stücke und Bücher.

Am folgenden Tage befand ich mich in meinem kleinen Arbeitszimmer hinter dem Hause, ich saß neben dem Feuer und las den guten alten Dickens; da öffnete sich plötzlich die Tür, und Dr. Collis marschierte herein, unter einem Arm einen großen Stoß Bücher und im anderen eine Aktentasche tragend. Er warf die Bücher aufs Bett, stellte die Mappe auf den Fußboden und drehte sich um.

„Guten Tag", sagte er, kam zu mir herüber und setzte sich auf den Stuhl an der gegenüberliegenden Seite des Tischs. „Ich erhielt deinen SOS-Ruf heute früh. Du schreibst also ein Buch. Laß mal sehen."

Ich hatte das Manuskript in einem alten Lederkoffer unter dem Bett aufbewahrt. Er kniete nieder, zog ihn hervor, nahm das Manuskript heraus, brachte es zum Tisch, setzte seine Brille auf und begann zu lesen.

Als er die erste Seite las, sah ich ihn die Augenbrauen hochziehen. Er las die zweite und die dritte, und jedesmal schoben sich seine Augenbrauen höher hinauf. Dann warf er das Heft auf den Tisch und sah mich an.

„Donnerwetter!" sagte er und hielt inne.

Er blickte mich scharf an, um zu sehen, ob ich Kritik vertragen könnte und verstehen würde. Ich bemühte mich, eine gefaßte Miene aufzusetzen. Er lächelte.

„Ja, es ist scheußlich", sagte er, „die Sprache, die du anwendest, mag zur Zeit der Regierung der Königin Viktoria üblich gewesen sein, aber . . ."

Mir wurde das Herz schwer, als ich das hörte. Es schien hoffnungslos zu sein. Anscheinend sollte ich niemals das tun können, was ich gerade jetzt mehr als alles andere zu tun begehrte – die Geschichte meines Lebens zu schreiben. Es schien, als wäre ich wieder an dem Punkt angelangt, an dem ich immer stehengeblieben war, Dinge ausführen zu wollen und nicht zu wissen, wie. Meine Träume waren zu hochfliegend, um Wahrheit werden zu können. Wie könnte ich jemals ein Buch schreiben – ich, der mein Leben lang hinter den vier Wänden meines Hauses eingeschlossen gewesen war und niemals auch nur das Innere eines Schulraums gesehen hatte? Ich war verrückt, überhaupt auf einen solchen Gedanken zu verfallen.

Das ging mir durch den Kopf, als Robert Collis vor mir saß und die Seiten jenes abscheulichen Manuskriptes umblätterte. Mitunter brummte er etwas vor sich hin. Ich saß mit gesenktem Kopf da.

Plötzlich unterbrach er seine Lektüre und richtete sich im Stuhl auf. Ich schaute überrascht zu ihm hinüber. In seinem Gesicht zeigte sich ein beifälliges Lächeln.

„Gut!“ rief er aufgeregt und schlug mit der Hand auf den Tisch. „Du hast hier einen Satz geschrieben, der von den anderen absticht wie eine Rose inmitten von Unkraut, ein schimmerndes, kleines Juwel, das man zwischen Steine geworfen hat. Er beweist mir, daß du schreiben könntest, wenn du nur wüßtest, wie. Das war es, was ich herauskriegen wollte.“

Dann stand er auf und warf einen Blick auf die wenigen Bücher, die ich im Regal stehen hatte. Er schüttelte den Kopf.

„Um gutes, modernes Englisch zu schreiben, muß man modernes Englisch lesen, Christy. Dickens ist sehr gut, aber ... Der literarische Geschmack verändert sich wie jeder andere Geschmack auch.“

Dann zeigte er mir die Bücher, die er für mich mitgebracht hatte, und breitete sie alle auf dem Tisch aus. Da war ein Buch mit Kurzgeschichten von L. A. G. Strong, zwei Bücher von Seàn O'Faolain, einige Bücher von seinen literarischen Brüdern, John Stewart und Maurice Collis, und sechs Bände einer umfangreichen Sammlung der besten Literatur aus der ganzen Welt.

„Diese Bücher werden dir zeigen, wie gutes Englisch geschrieben werden sollte“, sagte er.

Er sagte mir, wenn ich Schriftsteller werden wolle, müsse ich schreiben lernen. Schreiben sei eine ebenso schwierige Kunst wie Malen, und wenn man diese Kunst meistern wolle, müsse man sie üben und nach und nach einen eigenen Stil entwickeln. Er sagte mir, daß ich, gleichgültig wie schwer ich es auch fände, doch etwas Gutes hätte, was zu meinen Gunsten spreche – ich sei begierig darauf zu schreiben, ich hätte Lust und Liebe dazu, und das sei genauso wichtig wie der Stil, den ich während der Weiterarbeit entwickeln könne. Wenn man etwas wirklich gut machen wolle, müsse man es gern tun. Ein guter Stil nütze beinahe gar nichts, wenn nichts dahinter stecke. Nur in gutem Stil zu schreiben, sei so, als schmecke man nur einen Geschmack, ohne etwas zu essen zu bekommen.

Dann setzte er sich, nahm das Manuskript und betrachtete es noch einmal nachdenklich. Er schwieg eine ganze lange Zeit. Ich konnte das Feuer knistern und die Uhr auf dem Kaminsims laut ticken hören, ich vernahm das schwache Geräusch von Stimmen, die aus der Küche jenseits des Hofes kamen. Endlich sprach er.

„Christy", sagte er und beugte sich vor, während seine Ellenbogen auf dem Tisch ruhten. „All dies –" er zeigte auf den Stoß Hefte, „ist nicht vergebens gewesen. Man kann es vielleicht nicht lesen, aber es ist keine Zeitvergeudung gewesen. Wenn es auch nichts anderes genützt hat, so hat es dir doch ungeheuer viel Übung im Denken und Erfinden gegeben. Wenn du immer noch deine Geschichte schreiben möchtest –?" Ich nickte heftig mit dem Kopf. Mehr als alles andere begehrte ich, diese Geschichte zu schreiben.

„Also gut", fuhr er fort, „wenn es sich so verhält, mußt du das Ganze noch einmal von vorn anfangen!" Jetzt begann er zu sprechen, mich zu unterweisen. Ich erfuhr erst später, daß er Lehrer war und viele Schüler hatte. „Es gibt zwei Vorbedingungen für das Schreiben jeder Art von Geschichten", sagte er, „erstens muß man eine Geschichte *haben*, die man erzählen will, und zweitens muß man sie auf eine Art erzählen, daß die Person, die sie liest, sich selber hineinleben kann. Und nun laß mich noch einige konkrete Hinweise geben: Wo immer du kannst, benutze lieber ein kurzes Wort als ein langes. Du hast Bilder mit einem Pinsel gemalt, versuche das gleiche mit einer Schreibfeder. Übe es. Beschreibe einfach den Raum hier: deinen komischen Stuhl, das Bild an der rauchgeschwärzten Wand dort, den zerbrochenen Spiegel, deine Bücher und jene farbige Photographie . . ."

Ich lauschte, wie ich vor jenem Abend noch niemals gelauscht hatte, und ich lauschte noch an vielen nachfolgenden Abenden, während er mich schreiben lehrte. Niemals vergaß ich etwas von dem, was er sagte.

Schließlich kam er zu mir herüber und schüttelte mir die Hand. Da wußte ich, daß ich entschlossen war, die schwierigste Arbeit, auf die ich mich jemals eingelassen hatte, in Angriff zu nehmen, aber mit diesem Mann hinter mir war ich gewiß, daß ich sie eines Tages ausgeführt sehen würde . . . Das las ich aus seinem Händedruck.

Stolz, nicht Mitleid

Die Merrion-Street-Klinik war, wie ich bereits sagte, in Wirklichkeit nur eine lange, enge Turnbaracke hinter dem Dublin Orthopaedic-Hospital, die schwer zu erreichen war. Abgesehen von ihrer abseitigen Lage war der Platz, den sie bot, auch sehr beengt. Alles lag übereinander – auch die Kinder. Ebenso war nicht viel Platz für Übungsgeräte vorhanden, es gab nur eine große hölzerne „Rutschbahn", die dicht gegen eine Wand gerückt war und beinahe eine ganze Seite des zur Verfügung stehenden Raumes einnahm. Dieser Apparat war nicht nur zum Vergnügen der Kinder da; er diente auch noch zu einem anderen Zweck. Eine kleine Treppe war an ihm befestigt, an deren oberen Ende sich eine Art Plattform befand.

Das war für einige von den Kindern eine sehr gute Übung, um Stufen hinaufzugehen und ihre Hände gebrauchen zu lernen; beim Hinaufgehen mußten sie sich am Geländer festhalten, und auf diese Weise lernten sie sowohl Hände als auch Füße gleichzeitig zu gebrauchen, eine Bewegung, die viele von ihnen unter normalen Umständen gar nicht oder nur ruckweise und unregelmäßig ausführen konnten. Wenn sie die lange Bahn auf der anderen Seite hinunterrutschten, lernten sie allmählich, sich zu entspannen und ihre Furcht vor der Bewegung zu überwinden.

Mit der Zeit wurde die Klinik jedoch überbesetzt.

„Wenn das so weitergeht", sagte Dr. Warnants eines Tages, „werden wir die Patienten noch aufs Dach packen müssen."

So schien es auch zu kommen, denn im Raum sah es oft wie bei einer Verkehrsstockung aus, und die Kinder brüllten lauter als ein Dutzend Autohupen zusammen. Es war so schlimm, daß ich mitunter kaum meine Gedanken zusammenhalten konnte!

Die Zustände nahmen bereits trostlose Formen an, als ich plötzlich hörte, wir sollten in einen anderen Stadtteil übersiedeln, wo es ein größeres und günstiger gelegenes Grundstück gäbe. Es tat mir leid, die alte Klinik zu verlassen, wenn ich auch wußte, daß sie wirklich viel zu klein war. Ich hing an ihr, denn ich hatte dort viele Freunde gewonnen. Ich erinnere mich an den ersten Morgen, an dem ich angekommen war: die braunen Holzwände, die hohen Fenster, draußen die triefenden Bäume im Dezemberregen ... und Sheila ...

Zu jener Zeit verloren wir auch Dr. Warnants, der uns verließ, um eine Stellung im Ausland anzunehmen. Es tat uns allen leid, ihn scheiden zu sehen, aber ich hatte schon immer die Empfindung gehabt, daß er von der „Wanderlust" besessen war, von dem Drang, in entlegene Gegenden zu reisen. Als ich zum letztenmal von ihm

hörte, war er im Fernen Osten, „in der Mittagssonne verschmachtend", wie er sich ausdrückte.
Auch Mr. Gallagher ging bald darauf nach Kanada. Ich habe seitdem nichts mehr von ihm gehört. So schieden zu dem Zeitpunkt, als die Klinik vervollkommnet wurde, zwei ihrer fähigsten Mitarbeiter aus.
An einem warmen Sommermorgen, jetzt vor drei Jahren, kamen wir zum erstenmal in die neue Klinik. Die Straße, an der sie lag, hieß Bull Alley Street. Als ich die Klinik von draußen betrachtete, sah ich, daß sie ein großes rotes Backsteingebäude war, sehr hoch, mit hübschen Bögen und einer Art grüner Kuppel über dem Dach. Sie hatte viele große Fenster an der Vorderseite und rundherum schmiedeeiserne Gitter. Im Vergleich mit der alten Klinik war dies wirklich eine sehr „schicke Sache".
Innen war es sogar noch schöner. Nicht das ganze Gebäude gehörte uns – in Wirklichkeit hatten wir nur drei Räume vom Kuratorium ausgeliehen. Aber die Räume waren groß und sonnig, und jeder Patient hatte reichlich Platz, um sich zu bewegen. Alles war viel besser organisiert; der Mitarbeiterstab wurde größer, das Pflegepersonal zahlreicher. Auch die Behandlungsweise und die Erfolge wurden im ganzen gesehen bedeutend besser. In den Räumen wurden drei Abteilungen eingerichtet – der Behandlungsraum, das Schulzimmer und das Spielzimmer. Im Behandlungsraum müssen wir natürlich unsere Turnübungen machen, was oft einer Schaunummer gleicht; fünfzehn und manchmal zwanzig Kinder liegen auf dem Fußboden und befolgen die Anweisungen der Krankengymnastinnen; wenn sie in einer Reihe auf dem Boden liegen, sehen die Kinder aus wie eine Riesenschlange mit vielen Köpfen, Armen und Beinen, die sich alle zusammen im Gleichklang bewegen. Im Schulraum werden zurückgebliebene Kinder unterrichtet, jene, die niemals zusammen mit ihren Geschwistern normale Schulen haben besuchen können, weil sie eben „anders" waren.

Sie erhalten eine gewöhnliche Grundschulbildung von einer qualifizierten Volksschullehrerin, die speziell für eine so schwierige Aufgabe vorgebildet ist. Auf diese Weise wird wiederum ein Abgrund überbrückt, ein neues Glied geschmiedet, und man hilft diesen Kindern, normale Beziehungen mit gewöhnlichen Menschen aufzunehmen. Sie sind stolz darauf, daß sie auch „zur Schule gehen" können und Bücher und Schulbänke haben und daß sie wie ihre Geschwister zu Hause rechnen lernen. Sie brüsten sich immer mit *ihrer* Lehrerin und erzählen stolz von der Art und Weise, in der sie ihnen hilft. *Sie* bekommen niemals „Prügel" wie die Kinder in den „gewöhnlichen" Schulen. In ihrer Schule kümmert sich ihre Lehrerin mehr um ihren Verstand als um ihre Hände. Auf diese Weise lernen sie, sich, anstatt sich den normalen Kindern gegenüber minderwertig zu fühlen, für gleichwertig zu halten.

Im Spielzimmer ist viel los. Hier hat das Wort „Spiel" eine doppelte Bedeutung: es bedeutete gleichzeitig Arbeit. Unter dem Deckmantel des Spiels werden die Kinder gelehrt, besondere Hand- und Fußbewegungen zu entwickeln und falsche Bewegungen zu unterlassen. Für einen fremden Zuschauer sieht es aus, als spielten sie einfach an den Tischen und liefen umher wie gewöhnliche Kinder, wobei sie fortwährend schrecklich viel Lärm machen. So ist es auch. Sie werden dazu angeleitet, umherzugehen und sich wie gewöhnliche Kinder zu verhalten, nur mit dem Unterschied, daß sie, während sie so fröhlich umherlaufen, dauernd beobachtet werden; es wird darauf geachtet, daß sie nicht in ihre ursprünglichen Fehler zurückfallen und falsche Körperbewegungen machen. Es genügt nicht, umherzulaufen – man muß ihnen beibringen, richtig umherzulaufen, auf die rechte Weise zu spielen und durch das Zimmer zu jagen. Der Gebrauch natürlicher Bewegungen war ihnen versagt, und so hatten sie sich statt dessen falsche, unnatürliche Bewegungen angewöhnt. Im Spielzimmer lernen sie, jede Bewegung, von der einfachsten bis zur schwierigsten, so natürlich und frei wie nur möglich auszuführen. Nichts fällt ihnen „leicht". Schon die einfache Handlung, ein Stück Kreide vom Fußboden aufzuheben, ist für einige der Kinder ein ungeheuerliches Unterfangen, eine so schwere Aufgabe, wie es das Gehen auf einem straffgespannten Seil für jemanden sein muß, der diese Technik niemals erlernt hat.

Da ich beinahe seit ihrer Entstehung die Klinik besucht habe, betrachte ich sie allmählich gewissermaßen als einen Teil meiner selbst, als einen notwendigen Bestandteil meines Lebens. Ich denke an sie nicht einfach als an einen Ort, zu dem ich mich hinbegebe, um wegen meines Leidens behandelt zu werden, nicht nur als ein „medizinisches Institut", in dem sich Ärzte und Krankengymnastinnen befinden. Gewiß, sie hat ihre Ärzte und ihre weißgekleideten Helfer, sie hat ihre langen Korridore und kühlen Marmorwände. Sie hat all dies, aber sie hat außerdem noch etwas anderes. Sie ist sowohl von Geist beseelt als auch von praktischer Wirkungskraft, sie hat sowohl echte menschliche Wärme als auch kalte wissenschaftliche Präzision. Die Menschen in den kühlen weißen Mänteln haben sehr warme Herzen, und bei ihrer Arbeit stellt ein warmes Herz einen unschätzbaren Aktivposten dar. Es ist genausoviel wert wie ihr medizinisches Können, denn ihre Arbeit ist keine gewöhnliche Arbeit, die nach gegebenen Richtlinien erledigt werden kann, und zwar deshalb nicht, weil ihre Patienten nicht gewöhnliche Patienten sind. Sie sind nicht nur einfach „Mediziner", die „Patienten" behandeln. Sie sind eine Gruppe menschlicher Wesen, die ein tiefes und aufrichtiges Interesse an der unglücklichen Lage haben, in der sich eine andere Gruppe von menschlichen Wesen befindet, und diese anderen sehen sich vielen sehr großen Problemen gegenübergestellt, Problemen, die nicht bloß unter dem Begriff

„Körperbehinderung“ zusammengefaßt werden können. Wir brauchen Vertrauen und Wohlwollen, und zwar beinahe mehr noch als nur ärztliche Betreuung. Nicht nur unsere Muskeln und Gliedmaßen machen uns zu schaffen – manchmal erfordern auch unser Geist, unser inneres Selbst mehr Beachtung als unsere verrenkten Arme und Beine. Ein Kind mit einem schiefen Mund und verkrampften Händen kann sehr schnell und leicht eine Reihe sehr schiefer und verkrampfter Verhaltensweisen entwickeln, sowohl gegenüber sich selbst als auch gegenüber dem Leben im allgemeinen, besonders dann, wenn man das Kind mit ihnen großwerden läßt, ohne daß ihm dabei geholfen wird, sie verstehen zu lernen. Wenn man die Vorstellung von seinem – im Vergleich zu normalen Kindern – „Anderssein“ in seiner Seele Wurzel schlagen läßt, wird sie mit ihm zusammen bis ins Jünglingsalter und schließlich bis ins Mannesalter hinein immer noch weiterwachsen, so daß dieser herangewachsene Mensch das Leben mit einer Seele betrachten wird, die ebenso entstellt ist wie sein Körper. Das Leben wird für ihn nur zum Spiegelbild seiner eigenen „Verkehrtheit“, seiner eigenen seelischen Pein werden.

In der Klinik ist es anders. Hier sind wir sozusagen „unter unsresgleichen“. Wir sind von Menschen umgeben, die unter Gebrechen zu leiden haben, die den eigenen gleich und oft noch schlimmer sind, und wir sehen, daß unser altes „Anderssein“ letzten Endes gar nicht so sehr anders ist. Nachdem wir uns für Ausgestoßene gehalten haben, die anderen nur zur Last fallen, erkennen wir langsam, daß es Menschen gibt, die verstehen, – Menschen, die ihr Leben der Aufgabe gewidmet haben, uns zu helfen und uns dahin zu führen, uns selber besser zu verstehen, so daß am Ende aus unserem Elend etwas Köstliches gewonnen wird.

Eines der Kinder, die die Klinik besuchen, ist Bernie. Sie ist mein besonderer Liebling, so wie sie jedermanns Liebling ist. Sie ist ein ausgezeichnetes Beispiel dafür, was die Klinik sogar noch für „hoffnungslose“ Fälle tun kann. Sie war eine der ersten Patientinnen der Klinik. Sie war gerade zwei Jahre alt, als ich sie zum erstenmal sah. Wir fuhren jeden Morgen im gleichen Krankenwagen zur Klinik, und ich erinnere mich noch daran, was für ein rührendes Häufchen Elend sie damals war. Ich pflegte sie zu beobachten, wenn sie vor mir auf der Tragbahre lag, aber das einzige, was ich von ihr erkennen konnte, waren ihre Augen, die aus einem winzigen, elfengleichen Gesichtchen blickten. Sie war so klein und winzig, daß ihre Augen das Größte an ihr zu sein schienen. Sie lag völlig leblos da, wie etwas, das weder Wärme noch Leben hatte, nichts weiter als nur ein steifes, unordentliches Etwas, das für alles ringsumher kalt und unempfindlich zu sein schien – mit Ausnahme der Augen, die allein verrieten, daß hier ein menschliches Geschöpf war, dieses Etwas, das wie eine Kinderpuppe in das Laken eingewickelt lag.

Langsam, Schritt für Schritt, begann sie, mehr Leben zu entfalten und größeres Interesse für die Vorgänge in ihrer Umgebung zu zeigen, es war wie ein allmähliches „Auftauen“.

Sie hatte ein Stadium erreicht, in welchem man sie Übungen machen lassen konnte, die besonders für sie ausgearbeitet worden waren, und heute ist Bernie eine der muntersten Patientinnen der Klinik und auch eines ihrer Schaustücke. Unter der gewissenhaften Anleitung von Miß Dorothy Henderson, der Krankengymnastin, die für sie sorgt, hat sich Bernie von einem leblosen Kleiderbündel, unbeweglich wie ein Holzklotz, zu einem munteren hübschen Geschöpfchen entwickelt, das nun zu plappern und zu kichern anfängt. Miß Henderson sagt jetzt von ihr, sie sei ein „Schmeichelkätzchen“.

Ihre größte Rivalin in der Klinik ist Dorothy, und wenn man sie zusammen beobachtet, wie eine die andere bei den Turnübungen zu übertrumpfen versucht, so ist das viel unterhaltsamer als eine Varietévorstellung.

Dorothy ist ein sehr wichtiges und auch ganz bezauberndes Persönchen. Sie war einer der schlimmsten Fälle, die in die Klinik kamen, aber es geht ihr seitdem so viel besser, daß viele Leute, die sie zu Beginn ihrer Behandlung sahen, sie heute kaum als dasselbe kleine Mädchen wiedererkennen können.

Anfangs brachte sie es kaum fertig, überhaupt aufrechtzusitzen. Ihr Rücken sackte zusammen, ihre Schultern fielen herab, und ihr Kopf legte sich von einer Seite auf die andere wie ein vom Winde hin und her gerütteltes Gänseblümchen. Sie versuchte von einer Stelle zur andern zu kriechen, aber Hände und Knie versagten und konnten sie nicht tragen, und dann klappte sie einfach zusammen und fiel flach auf ihr Gesicht.

Im Verlauf von Monaten brachte man ihr nach und nach bei, sich zunächst einmal auf einem auf dem Fußboden ausgebreiteten Laken zu entspannen, dann ihre sitzende Stellung zu verbessern und schließlich mit einem äußersten Minimum an Unterstützung ein wenig zu stehen.

Das nächste, was in Angriff genommen werden mußte, war das Gehen, und zu diesem Zweck mußte sie besonders angefertigte hölzerne „Skier“ tragen, die ihr zu einer guten Handstütze und zu einer richtigen Fußstellung verhalfen und somit ihre Haltung im allgemeinen verbesserten.

Jetzt ist Dorothy imstande, sich auf ihren Händen und Knien r i c h t i g fortzubewegen, und sie beginnt, aus eigener Kraft ein paar langsame, zögernde Schritte zu machen. Sie ist eines der entzückendsten Geschöpfe, das man sich vorstellen kann, mit ihren großen, klaren braunen Augen, ihren wehenden schwarzen Locken und der kleinen Stupsnase, die sich immer in Fältchen legt, wenn sie das ihr eigene, freundliche, ansteckende Lächeln zeigt. Dorothy ist auch eine nicht zu unterschätzende Physiotherapeutin. Sie hat einen sehr regen Verstand, der alles aufnimmt, und im Verlauf der vielen Jahre in der Klinik hat sie genug von Krankengymnastik zu sehen bekommen, um ganz erpicht darauf zu sein, nun ihrerseits dem Ärztekollegium „vorzuführen", was sie auf diesem Gebiet selber leisten kann. Nichts tut sie lieber, als zu der Stelle hinüberzukrabbeln, wo eins der kleineren Kinder gerade liegt. Sie kauert sich dann neben ihm nieder und geht dazu über, es auf keineswegs unsichere Weise „seine Übungen" machen zu lassen, wozu auch ein- oder zweimal ein gelegentlicher Klaps gehört, wenn die Leistung des armen Kindes nicht die Billigung des gnädigen Fräuleins findet. Manchmal übertreibt Dorothy ihren Ehrgeiz. Sie watschelt dann quer durch den Raum und versucht, auch mich zum Turnen zu veranlassen. Aber ich reize sie immer zum Zorn, indem ich nicht darauf eingehe und nur grinse, wenn sie mir befiehlt: „Beine beugen", „Bauch einziehen" und „Gesäß unten behalten".

Innerhalb der letzten beiden Jahre in der Klinik ist es auch mit mir sehr viel besser geworden. Die erste Aufgabe, die man mir beibringen mußte, war das Entspannen. Das mag nach etwas Leichtem klingen, aber ich finde, es ist der schwierigste Teil des Vormittagspensums. Beim Entspannen handelt es sich nicht nur darum, sich auf ein Brett oder den Fußboden zu legen und wie ein Klotz liegenzubleiben; so einfach ist es nicht. Sogar von den gesunden Menschen können nur sehr wenige von sich behaupten, sie könnten eine völlige Entspannung herbeiführen. Um seine Muskeln völlig zu entspannen, um sie so schlaff wie nasses Papier zu machen, ist es notwendig, zuerst den Geist zu entspannen, den Gedanken freien Lauf zu lassen und sie dahin wandern zu lassen, wohin sie wandern wollen, ohne jede bewußte Lenkung oder Ausrichtung auf einen bestimmten Gegenstand. Das ist etwas, was ich für beinahe unmöglich halte. Ich habe einen sehr ruhelosen Geist. Es gibt nur eine Zeit, in der er entspannt ist, und zwar dann, wenn ich schlafe; aber ich schlafe nicht sehr gut! Selbst wenn es mir gelungen ist, meine Arme und Beine zur Ruhe zu bringen, ist es nicht immer ein Zeichen, daß ich entspannt bin – vielleicht zwinge ich sie nur zum Ruhigbleiben, indem ich sie aufs äußerste anspanne. Es ist leicht, entspannt auszusehen, aber gar nicht so leicht, sich entspannt zu fühlen. Der Versuch, sich zum Entspannen zu zwingen, ist mit das Schlimmste, was man tun kann, weil man auf diese Weise die körperliche Anspannung nur immer noch erhöht und sich von wirklicher Entspannung weiter und weiter entfernt. Ich bin mir meiner Umgebung immer deutlich bewußt: der Lärm, das Spiel der wechselnden Lichter und Schatten, der besondere Ausdruck auf den Gesichtern der Menschen um mich herum, der Klang und die Modulation der Stimmen. Sie alle zeichnen sich klar und deutlich in meinem Geist ab, wie Steinchen, die man in einen kleinen Teich wirft.

Nicht eher, als bis ich wirklich entspannen kann, werde ich mich davon überzeugen können, etwas erreicht zu haben, was andere in meiner Lage unter der gleichen Anleitung nicht tun konnten. Heute arbeite ich auf Grund der fachärztlichen Anordnungen von Dr. Mary O'Donnell, der jetzigen Leiterin der Klinik, und mit Miß Barbara Allen, einer der drei Krankengymnastinnen, die das Kollegium bilden, und bin jetzt soweit, daß ich lerne, in besonders angefertigten Skiern zu gehen, ähnlich denen, wie die kleine Dorothy sie benutzt, aber man stellt an mich natürlich höhere Anforderungen; außerdem lerne ich seit einiger Zeit, mehr meine Hände zu gebrauchen.

Das älteste Mitglied der Klinik, ihre „mater", ist Mrs. Frances Prince. Sie schloß sich ihr in den Tagen an, als die Zukunft der Klinik noch sehr ungewiß war, und seitdem ist sie immer bei uns geblieben. In ihrer Gegenwart kann ich nicht „kneifen" oder mich um etwas herumdrükken, wozu ich manchmal, wenn ich einen schlechten Vormittag habe, aufgelegt bin. Sie wird es nicht müde, immer wieder neue Arbeit für mich zu finden, wenn ich an meinem Tisch sitze, wie zum Beispiel aus Plastilinstäben Körper zu kneten – gewöhnlich entstehen die unförmigsten Formen, die man sich vorstellen kann! – oder Hanteln aus einer Hand in die andere zu bugsieren, lauter gute Übungen für meine Hände, und noch vieles mehr.

Bei meinem Bemühen, mit den Menschen eine natürliche Verbindung aufzunehmen, ist meine grunzende Sprechweise immer eines der größten Hindernisse gewesen. Sie ist die eine Seite meines Gebrechens gewesen, die mir die bitterste Pein bereitete, denn ohne Sprache ist man praktisch verloren, von den anderen Menschen durch einen Vorhang getrennt, man bleibt zurück mit dem Wunsch, Millionen Dinge zu sagen, und dann kann man gar nichts sagen. Schreiben ist sehr gut, aber es gibt Gemütsbewegungen, die sich nicht mitteilen lassen, die nicht durch das geschriebene Wort allein wirklich „empfunden" werden können. Schreiben mag Unsterblichkeit bedeuten, aber es kann die Kluft zwischen zwei menschlichen Wesen nicht so überbrücken, wie die Stimme es vermag. Ach, und ich möchte so viel lieber mit einem Freund eine Stunde lang ein heftiges Wortgefecht austragen oder ein paar Augenblicke lang mit einem Mädchen freundlich plaudern, als daß ich das bedeutendste Buch der Welt schriebe.

Augenblicklich beginne ich allerdings, mehr zu sprechen und weniger zu grunzen. Mein altes Grunzen gewinnt ein wenig mehr an Würde, wird ein wenig deutlicher.

Das verdanke ich der speziellen Behandlungsweise, die mir die Sprachheilpädagogin der Klinik, Dr. Patricia Sheehan, angedeihen läßt.

Ich muß zugeben, daß ich ein wenig aus der Fassung gebracht wurde, als ich zuerst mit dieser Behandlung begann. Sie hatte einen so gewichtigen Namen, „Sprachtherapie", und doch waren ihre Methoden so einfach, daß man hätte meinen können, es könne sie jeder erdacht haben. Es sah aus wie Kinderspiel.

Wie sehr war ich im Irrtum! Die Methoden waren einfach – das war das Wesentliche an ihnen, aber die Erfolge waren erstaunlich groß. In der ersten Unterrichtsstunde lernte ich, wie man richtig und tief atmet. Dr. Sheehan machte mich darauf aufmerksam, daß ich mir angewöhnt hatte, schlecht zu atmen, und zwar atmete ich stoßweise. Das sei nicht gut, sagte sie. Ich würde niemals richtig sprechen können, wenn ich nicht lernte, mein Atmen zu kontrollieren.

Sie ging sofort aufs Ganze. Die erste Atmungs-Lektion bestand darin, daß ich Seifenblasen blasen mußte! Eines Morgens brachte sie eine kleine Blechbüchse mit Seifenwasser herein, zog aus ihrer Tasche einen winzigen Metallring mit einem Griff daran, tauchte ihn ins Wasser und forderte mich auf, das wäßrige Häutchen, das sich innerhalb des Ringes gebildet hatte, wegzublasen. Ich sah sie an, weil ich das für einen Scherz hielt. Aber ich sah, daß sie es ernst meinte, also machte ich einen Atemzug, spitzte meinen Mund und blies. Sogleich begann von allen Seiten ein richtiger Hagelschauer leuchtend bunter Blasen auf mich herabzufallen. Eine zerplatzte auf meiner Nase, eine andere fiel in mein Auge, und ich konnte sehen, daß auch in ihrem Haar Dutzende von feuchten Kügelchen glitzerten! Ich begann zu summen „I'm Forever Blowing Bubbles".

Dann wurde es bald schwieriger. Zusammen mit meinem Freund John, einem anderen erwachsenen Patienten, der zur Klinik kam, mußte ich auf eine recht neuartige Weise lernen, kräftiger und tiefer zu atmen. Zu diesem Zweck mußte ich Wasser durch einen Schlauch aus einer Flasche in die andere pusten. Die beiden Flaschen waren luftdicht abgeschlossen, ein Gummischlauch führte von einer Flasche in die andere, und seine beiden Enden waren

mit zwei Glaszylindern verbunden, die in die Korken eingelassen waren. Eine der Flaschen wurde dann mit gefärbtem Wasser gefüllt, und nun sollte man den Inhalt der vollen Flasche durch den verbindenden Schlauch in die leere Flasche pusten und sie allmählich füllen.
Es klingt einfach, aber ich fand es wirklich sehr schwer. Wie der große böse Wolf in dem alten Märchen pustete ich und pustete, bis mein Gesicht ganz rot war, aber nur ein paar ärmliche Wassertropfen rieselten hindurch und in die leere Flasche hinein. Als nächster kam John an die Reihe, und in wenigen Sekunden hatte er das ganze Wasser von einer Flasche in die andere gepustet, denn John besitzt ein Paar erstklassige Lungen. Ich war sehr enttäuscht über mich, aber im Laufe der Zeit vervollkommnete ich mich ein wenig im Wasserpusten, wenn ich mich bis jetzt auch immer noch nicht mit ihm messen kann.
Nach einigen Monaten stellte ich fest, daß mein Sprechen sich beträchtlich gebessert hatte: ich verwandte größere Sorgfalt darauf, mich genauestens zu vergewissern, daß ich jedes Wort langsam und deutlich artikulierte und daß ich das, was ich sagen wollte, ruhig und nicht, wie bisher, voller Hast und Aufregung aussprach. Heute kann ich ganz gut sprechen, wenn ich mir nur Zeit dazu nehme und mich nicht in Verwirrung bringen lasse, falls ich ein Wort einmal nicht gleich ganz klar herausbringen kann. Im Grunde beruht die ganze Ursache meiner Sprachschwierigkeit in meiner eigenen Einstellung zu ihr. Sobald ich erst einmal den albernen panischen Schrecken und das Schamgefühl überwunden habe, die mir das Blut jedesmal in einem heißen Strom in die Wangen treiben, wenn ein Fremder sich mit mir zu unterhalten versucht, werde ich die Wurzel des Übels beseitigt haben.
Heute spreche ich mit größerem Selbstvertrauen und mit weniger Befangenheit. Ich weiß, daß ich niemals ein vollwertiges, gesundes Leben in der menschlichen Gesellschaft

führen kann, wenn ich nicht so sprechen kann, daß andere mich verstehen, und um dieses Ziel zu erreichen, muß ich schwer arbeiten und lange üben. Es wird nicht leicht sein, und ich kann niemals höchste Vollkommenheit oder eine Anstellung beim B.B.C. erwarten, aber die großen Fortschritte, die ich unter Dr. Sheehan gemacht habe, sind ein Anzeichen dafür, daß, wenn ich mich energisch genug bemühe, es nicht unmöglich ist, und ich werde mich wahrhaftig bemühen.

Die Ärzte haben große Geduld mit mir, denn ich bin keineswegs ein „vorbildlicher" Patient. Miss Henderson sagt, ich neigte sehr dazu, faul zu sein, und ich nähme meine Arbeit in der Klinik nicht ernst genug. Ich möchte ihr gern widersprechen, aber ich fürchte, ich kann es nicht, weil das, was sie sagt, zutrifft. Ich weiß, daß ich mich in vieler Beziehung nicht energisch genug bemühe, oder wenigstens nicht so energisch, wie man vielleicht nach allem, was ich gerade gesagt habe, annehmen könnte. Es ist jedoch nicht deshalb so, weil ich meiner Behandlung nicht den Ernst und die Bedeutung beimesse, die sie verdient, denn ich weiß genau, daß die wenigen Vormittagsstunden täglich in der Klinik der wichtigste Teil meines ganzen Tagewerks sind. Ich mag auch in gewisser Beziehung faul sein. Wenn aber vielleicht jemand den Dingen auf den Grund gegangen sein sollte, wird er sie durchschauen können und sehen, daß auch die alte Schreibfeder viel damit zu tun hat . . .

Die Kinder in der Klinik sind glückliche Kinder, angefangen bei den kleinen, die sich auf dem Fußboden hin- und herwälzen und mit den Füßen in der Luft strampeln, bis hin zu den größeren, die durch Zimmer jagen und spielen und ab und zu übereinanderpurzeln. Sie werden in die Klinik gebracht und wieder abgeholt von Menschen, die sie freiwillig in ihrem Privatwagen fahren, und zwar zwei- oder dreimal in der Woche, manchmal auch jeden Tag, von Montag bis Freitag. Die Kinder freuen sich schon vorher auf die Fahrt von zu Hause nach der Klinik, und die Zuneigung, die Kinder und Fahrer zueinander fassen, ist oft tief und ergreifend. Im Augenblick, wenn der Fahrer kommt, um sie mittags wieder nach Hause zu bringen, umdrängen die Kinder, die dazu imstande sind, ihn – oder sie –, und plappern aufgeregt drauflos, sie erzählen, was sie am Vormittag gearbeitet haben; und die anderen, die sich nicht bewegen können, jauchzen bloß und strampeln glücklich mit den Beinen, während sie auf dem Boden liegen. Jedes einzelne der Kinder kommt gern in die Klinik, denn diese Kinder werden nicht nur behandelt – was für sich allein nicht genug wäre –, sondern man kommt ihnen auch mit einer besonderen Art mitfühlenden Verständnisses entgegen, die sie mehr als alles nötig haben, mit einem Einfühlungsvermögen, das in größere Tiefen vordringt als nur gütige Worte, und eine Anteilnahme, die frei ist von Mitleid.

Die Frauen des Mitarbeiterstabes haben alle wunderbare Arbeit geleistet und tun es noch, und ihr Können und ihre Hilfsbereitschaft haben es nicht nötig, von mir ins Rampenlicht gerückt zu werden. Sie alle strömen Güte und Verständnis aus, und wenn es auch hin und wieder notwendig ist, ein wenig streng zu sein, sobald ihre Schützlinge nachlässig und unaufmerksam werden, so verhärtet sich solche Strenge doch niemals zu Kälte, denn wie hart sie auch immer werden mögen, auf ihren Gesichtern und in ihren Augen kann man stets ein Leuchten, einen warmen Schimmer wahrnehmen, wenn sie über die Köpfe der Kinder hinweg einander anblicken. Denn an der Klinik mitarbeiten heißt, auch zugleich in ihren Geist eindringen, den Geist, der dieses Haus belebt und es wie eine Woge durchflutet, die von Auge zu Auge und von Herz zu Herz brandet, und dieser Geist heißt: Stolz, nicht Mitleid.

Klischees und Julius Cäsar

Im Laufe der Zeit lernte ich bei Robert Collis allmählich immer mehr über das Schreiben. Er lehrte mich so viele Dinge und in so kurzer Zeit, daß ich mich einige Tage ganz schwindlig fühlte, wie jemand, der plötzlich einen Schatzkasten voller Edelsteine entdeckt und von ihrem Glanz geblendet wird. Er pflegte in mein kleines Arbeitszimmer zu kommen, er setzte sich und begann mit mir über das Schreiben zu sprechen, ganz einfach, ohne viel Phrasen zu machen oder unklare Theorien einzuflechten. Er hatte mir etwas zu sagen, er wollte mir etwas zur Kenntnis bringen, und so verlor er keine Zeit und brachte es mir so einfach und klar bei, wie er nur konnte.

Es war immer noch sehr schwierig für uns, eingehender über Dinge zu diskutieren, denn damals konnte ich noch nicht mit jemandem außerhalb des Familienkreises sprechen, ohne linkisch und verlegen zu werden und einen roten Kopf zu bekommen. Ich war trotz allem immer noch sehr verschlossen. So besorgte er alles Reden und ich alles Zuhören.

Langsam begann ich, eine Vorstellung von dem weiten Feld der Literatur zu bekommen – von ihren Formen und Maßstäben, ihren Prinzipien und Konventionen, ihren feinen Unterscheidungen und ihrer Einmaligkeit, aber vor allem war ich hingerissen von ihrer Ruhe, ihrer Schönheit und ihrem Zauber. Ich sah in ihr einen Tempel menschlichen Denkens und menschlicher Ideale, errichtet von mannigfaltigen Geistern, bescheidenen und großen, von den bloßen Registratoren und Historikern bis zu den großen Denkern, von Menschen, die nur mit ihrem Verstand schrieben bis zu jenen, die mit dem Herzen schrieben, ja sogar mit ihrer Seele.

Wie bei allem, was ich von Dr. Collis lernte, konnte ich

jetzt Rückschlüsse ziehen auf die vielen Fehler, die ich begangen hatte. Er hatte sehr viel Geduld; wann immer er es ermöglichen konnte, kam er zu mir heraus, manchmal zweimal oder sogar dreimal in der Woche. Er unterwies mich auch in allem, was zum Handwerk gehört, ohne selber Handwerker zu sein; er war ein guter Kritiker und ließ sich in seiner Kritik nicht durch meine besondere Lage beirren. Aber er glaubte an mich, er glaubte daran, daß ich Schriftsteller werden könne, und das gab mir das Selbstvertrauen, das ich brauchte.

Bald begann ich, die zweite Fassung meiner Selbstbiographie zu schreiben, immer noch mit Hilfe des Diktats. Mein Schreiber war diesmal Francis, mein dreizehnjähriger Bruder, ein Schuljunge in kurzen Hosen, jedoch ganz anders als Eamonn und Seàn, die, ohne zu denken, wie zwei Schreibmaschinen nur gerade das niederschrieben, was ich sagte, wohingegen er über das, was er schrieb, nachdachte. Wenn wir für einen Tag, oder, wie es oft der Fall war, für einen Abend fertig waren, pflegte er sich still hinzusetzen und das, was er für mich geschrieben hatte, durchzulesen, wobei er oft viele Fragen an mich richtete bezüglich der Grammatik, des Satzbaus, der Bedeutung von Wörtern und so weiter, Fragen, deren Beantwortung mir manchmal schwerfiel. Eines Abends fragte ich ihn, was er von einem Kapitel, das wir gerade beendet hatten, halte. Er dachte ein Weilchen nach, spielte mit der Feder zwischen seinen Fingern, blickte dann auf und sagte sehr feierlich:

„Das ist alles ganz schön und gut, aber man müßte das Lexikon neben sich liegen haben, wenn man das liest!"

Ich hätte ihm am liebsten den Tisch an den Kopf geworfen, aber er saß ganz still da, kein Lächeln zeigte sich in seinem Gesicht, die Hände hielt er ruhig in seinem Schoß gefaltet. Ich war wütend, aber ich wußte, daß in dem, was er sagte, etwas Wahres lag.

Die zweite Bemühung, das Buch zu schreiben, gelang viel

besser als die erste. Das Thema war jetzt schärfer umrissen, der Aufbau methodischer und einheitlicher und der dahinterstehende Gedanke reifer. Ich hoffte eine Zeitlang, daß es ausreichend sein würde, aber Dr. Collis schüttelte wieder den Kopf.

„Besser als vorher", sagte er. „Aber noch nicht gut genug. Du schreibst immer noch viel zu gelehrt."

Das stimmte. Ich neigte immer noch dazu, hochtrabend und unnötig dramatisch zu sein. Vieles von dem, was ich sagte, hatte einen falschen Klang, und ich liebte es auch immer noch sehr, abzuschweifen und von Dingen zu reden, die nichts mit dem Buch zu tun hatten.

„Wirf es weg und fang neu an", sagte er. „Diesmal wirst du es können, ich weiß es. Wir alle haben unser Zeug geschrieben und immer wieder, oft voller Verzweiflung, neu geschrieben, bis wir es richtig hingekriegt hatten – beim dritten Mal von Erfolg gekrönt."

Ich heuchelte ein Lächeln, aber in Wirklichkeit verfluchte ich mich, als ich die gräßlichen Stapel unbrauchbaren Manuskripts betrachtete. Sollte es niemals richtig gelingen? „Noch etwas, Christy", sagte er eines Abends. „Du benutzt zu viele Klischees. Weißt du, was ein Klischee ist?" Ich wußte es nicht; es klang in meinen Ohren wie der Name eines fremden Tiers oder eines Insekts. Aber ich erfuhr, daß es „etwas, was jeder sagt" war, eine Redewendung, die allgemein im Gebrauch war, Wörter und Sätze, die so oft in Büchern und auch in der Umgangssprache gebraucht wurden, daß sie dünn und fadenscheinig geworden waren, Dinge, die immer und immer wieder gesagt worden waren, so daß sie sich abnutzten und ihre ursprüngliche Bedeutung verloren.

Als ich das begriffen hatte, erkannte ich, was für ein großer Sünder ich in dieser Hinsicht gewesen war. Erst gestern hatte ich neben dem „tosenden Feuer" gesessen; ich hatte den „pfeifenden Wind" gehört; ich hatte gesehen, daß sie „leuchtende Augen, volle verführerische Lippen und einen Schwanenhals“ hatte und „Haare, die im Winde wehten wie Sommerfäden“, ich hatte „einen Kloß in meinem Hals“; und jemand hatte „geflucht wie ein Türke“! Als ich noch einmal mein Manuskript durchsah, fand ich so viele Klischees darin, und ich hatte sie so oft benutzt, daß ihre Zahl in die Hunderte gehen mußte. Ich erkannte auch, daß ich eine besondere Vorliebe für gewisse „Verzierungen“ gefaßt zu haben schien, die hier und dort wie Korken in einer Wassertonne auftauchten. Ebenso wie die Klischees ließen sie sich offenbar nicht umgehen. Ich hatte noch große Ähnlichkeit mit der guten alten Spottdrossel, allzu gern ahmte ich andere nach.

An einem Dezemberabend vor zwei Jahren kam Dr. Collis in mein Arbeitszimmer und setzte sich auf den Stuhl mir gegenüber. Eine Zeitlang sagte er nichts, sondern saß nur still und wärmte seine Hände am Feuer. Dann schob er seinen Stuhl ein wenig beiseite und blickte auf.

„Christy“, sagte er, „ich habe über deine Zukunft nachgedacht. Du hast eine Begabung für schöpferische Arbeit. Jetzt ist nur die Frage, wie du sie am besten fördern kannst. Wie ist es um deine Bildung bestellt?“

Meine Bildung! Sie war gleich null. Das erste und einzige Bröckchen Bildung, das ich jemals erhielt, war das Erlernen des Alphabets mit Hilfe meiner Mutter, und damals war ich fünf Jahre alt. Seidem war ich meinen Weg, so gut ich konnte, allein weitergegangen, indem ich mich durch die Lektüre von Büchern – meistens Dickens! – zu bilden und aus diesen Büchern, so viel ich nur konnte, zu lernen trachtete. Bildung! Schon bei dem Wort allein erschrak ich zutiefst, denn ich wußte, oder besser, ich fühlte es, daß alles, was ich mir während der Kindheit und Jünglingsjahre an Kenntnissen angeeignet hatte, so gut wie nichts war, und ich wußte auch, daß ich einen langen Weg gehen mußte, bis ich so weit wäre, überhaupt ermessen zu können, was Kenntnisse sind.

„Nicht sehr gut“, brachte ich heraus.

„Ja", sagte er, „Bildung ist von unermeßlichem Wert, und in deinem Fall halte ich sie für die Hauptsache."
Er versank wieder in Schweigen, sein Fuß wippte gegen den Ziegelherd, und eine Hand spielte mit einem seiner Westenknöpfe. Ich wartete.
„Eine Schule oder Universität kannst du in der üblichen Weise nicht besuchen", fuhr er fort, „so wird es am besten sein und das Nächste, was wir tun müssen, einen Privatlehrer für dich zu suchen. Es muß jemand sein, der die menschliche Natur von Grund auf kennt und der verständig genug ist, um über deine ungewöhnlichen Körperbewegungen und die mangelnde Sprache hinwegzusehen. Ich werde den Marrowbone-Lane-Fonds bitten, das Geld dafür aufzubringen."
Ein paar Tage später kam er und sagte, er habe mit Hilfe von Katriona Maguire den idealen Mann gefunden, ganz so, wie wir ihn brauchten, um mich zu unterrichten. Er sei Lehrer an einer der großen Volksschulen in Krimmage und wohne ganz in der Nähe unseres Hauses.
„Ich glaube, ihr werdet gut miteinander auskommen", sagte er. „Er ist die Art Privatlehrer, wie ihn sich jeder junge Mann wünschen würde."
Schon am nächsten Abend kam ein Geistlicher unserer Gemeinde, Pater Mullane, zusammen mit meinem neuen Lehrer und stellte mich ihm vor. Ich saß neben dem Fenster und las in einem Buch von Jaques Maritain, als die Tür aufging und der Priester mit dem fremden Mann hereinkam, Mutter führte sie.
„Das ist Mr. Guthrie, Christy", sagte Pater Mullane freundlich.
Ich blickte auf und sah vor mir einen kleinen, stämmigen Mann mit frischer Gesichtsfarbe, er war mittleren Alters, hatte leuchtend blaue Augen und einen lustigen Mund. Ich bemerkte, wie bedächtig und genau all seine Bewegungen und kleinen Gesten und wie ausdrucksvoll die Bögen seiner Augenbrauen waren. Sein ganzes Gesicht

schien einen lebhaften Verstand und ein noch lebendigeres Mitgefühl auszustrahlen. In jenem Augenblick unserer Begegnung empfand ich sogleich die Stärke und Anziehungskraft seiner Persönlichkeit, und ich faßte sofort Zuneigung zu ihm.

„Guten Tag, Christy", sagte er mit tiefer, wohlklingender Stimme, kam zu mir herüber und schüttelte mir die Hand. „Ich freue mich, Sie kennenzulernen. Ich hoffe, wir beide werden von nun an gute Partner sein."

Und so war es denn auch. Mr. Guthries Fähigkeiten verrieten sich von Anfang an. Langsam, sicher und sehr zuversichtlich riß er alle Schranken nieder, die von Natur aus im Wege standen. Unsere gemeinsame Arbeit entwikkelte sich auf freundschaftlicher, sachlicher und anspruchsloser Ebene. Er vermittelte mir das Gefühl, als seien wir Partner in einem großen und schwierigen Unternehmen. Er half mir vorwärts. Er kam zweimal in der Woche, gewöhnlich Montag und Mittwoch, am Abend, und jedes Beisammensein dauerte ungefähr zwei Stunden oder länger. Während des ersten Monats dachte ich, daß ich ungeheuer schwer von Begriff sei, während dieser ersten Wochen fühlte ich mich in seiner Gegenwart sehr unbehaglich, und mein mangelhaftes Sprechen kam mir beim Beantworten seiner Fragen schmerzlich zum Bewußtsein. Aber nach einiger Zeit ließ das anfängliche Gefühl der Unbeholfenheit nach, wir gewöhnten uns aneinander und begaben uns an die Arbeit, die vor uns lag. Ich wurde tatsächlich so sicher, daß ich ganz frei zu sprechen begann und manchmal sogar richtig geschwätzig wurde. Wenn das offizielle „Pensum" für einen Abend erledigt war, blieb er oft noch ein Weilchen, und dann sprachen wir über viele Dinge, wie zum Beispiel über die Philosophie von Bertrand Russell, die Dichtungen von Thompson und Yeats oder über das Wesen der Psychoanalyse, so daß ich, abgesehen von den gewöhnlichen Unterrichtsstunden, noch eine Menge dazulernte. Und natürlich verhalfen mir diese Gespräche in weitgehendem Maße dazu, deutlich und sicher zu sprechen.

Als ich zum erstenmal in die Mathematik eingeführt wurde und dann die Zahlen nicht selber schreiben konnte, mußte ich Seàn wieder in Dienst stellen, denn Francis hatte mehr als genug Arbeit mit dem Niederschreiben der neuen Fassung meines Buches. Außerdem war Seàn in der Schule ganz gut in Mathematik, und er erwies sich als eine große Hilfe für mich, sowohl in Arithmetik als auch in Algebra – beinahe sogar als eine zu gute Hilfe, denn sehr bald ertappte ich mich dabei, daß ich ihn alle „langweilige Arbeit" machen ließ, indem er das, was an der ganzen Sache lästig war, in Angriff nahm und ich nur die Antworten korrigierte! Ich versuchte, Gleichungen, Zinsrechnung, Steuern und Prozenten und allem, was dazugehört, Interesse abzugewinnen oder gar Freude an ihnen zu haben, aber mir wurde ganz übel davon, und ich bekam Kopfschmerzen. Trotzdem kam ich jedoch Schritt für Schritt vorwärts, wenn mir Zahlen auch immer verhaßt blieben.

Merkwürdig war jedoch, daß ich, als ich bei Geometrie anlangte, wirklich Gefallen an ihr fand. Ich schwelgte beinahe in Lehrsätzen und löste Aufgabe mit Winkeln, Dreiecken, Parallelogrammen, Flächeninhalten, Rechtecken und so weiter. Ich weiß nicht, warum ich diesen Zweig der Mathematik liebte und alles übrige von ihr verabscheute. Es war jedenfalls so, daß ich Geometrie ungeheuer liebgewann und es mir Spaß machte, mich stundenlang mit ihr zu beschäftigen.

Dann kam Latein, das mich sofort ansprach. Ich verliebte mich in die Eleganz und Schönheit der Sprache, in ihren gleichmäßigen Ablauf und die Genauigkeit des Ausdrucks, in ihre feinen Nuancen und die Vielfalt des Bedeutungswandels. Nach dem ersten Jahr der „Gewöhnung" wurde ich mit Julius Cäsar bekanntgemacht, und zwar durch seinen Gallischen Krieg, den ich ziemlich ermüdend, aber immerhin ganz interessant fand.

Auch meine Lektüre wurde zeitgemäßer und umfassender. Bevor Sheila vor zwei Jahren nach Amerika ging, um dort zu heiraten, hatte sie mir einen großen und sehr schönen Band der vollständigen Werke von Shakespeare geschenkt, der heute mein liebster Besitz ist. Ich erinnere mich noch daran, wie sie mich an jenem Morgen, als sie die Klinik auf immer verließ, veranlaßte, ihr den ergreifenden Monolog Hamlets „To be or not to be“ aufzusagen. Als ich ihn sprach, jauchzten und freuten sich alle Kinder ringsumher. Sie saß vor mir, der Verlobungsring an ihrem Finger leuchtete im Sonnenstrahl.

Die ganze Schönheit Shakespeares zu entdecken, verursachte mir ein beinahe körperlich spürbares Gefühl der Freude. Oft pflegte ich mitten in einem seiner Dramen innezuhalten, ich war ganz außer Atem geraten und staunte über die unglaubliche Anmut seiner Einbildungskraft und die Klarheit seiner Gedanken. Seine Empfindungswelt schien mir allgemein gültig, weitgehend anwendbar und doch gleichzeitig ganz einmalig zu sein. Die seltene Schönheit seiner Gedanken und die hohe künstlerische Vollendung, mit der er sie zum Ausdruck bringt, machten mich ganz schwindlig. Es schien, als könne er die menschliche Seele in einzelne Teile zerlegen, sie nacheinander ins Licht ziehen und den Augen der Welt zeigen. Ich hatte den Eindruck, als habe er die Seele des Menschen enthüllt, wie es niemandem zuvor oder danach gelungen ist. Als nächstes begann ich, Shaw zu lesen. Wenn die Begegnung mit Shakespeare wie eine Brise des Himmels war, dann war die Begegnung mit Shaw wie ein frischer Meereswind im März. Ich war entzückt von seinem Witz und seinem spöttischen Humor, wenn auch seine Logik manchmal ein wenig unlogisch war. Bald lernte ich ihn lieben. Es schien, als halte er für jeden eine Antwort bereit. Er mag das gewesen sein, was die Leute einen Atheisten nennen, aber ich meine, er war viel zu sehr darauf bedacht, die anderen an seinen Atheismus glauben zu machen, als daß er selber wirklich daran glaubte. Vielleicht hatte er einen inneren Glauben oder wenigstens den Wunsch zu glauben, was er unter einem äußeren Hochmut verbarg. Ich weiß es nicht genau, denn sein Verstand war für mein Begriffsvermögen zu spitzfindig, aber das Lesen seiner Stücke war für mich so erfrischend und anregend, wie es ein Morgenlauf am Meeresstrande für die meisten Menschen sein mag.

An manchen Abenden, wenn ich zu Hause in meinem Arbeitszimmer saß und dem Anschein nach Cäsar las oder geometrische und arithmetische Aufgaben löste, mußte ich unvermutet innehalten; denn ich dachte plötzlich an all die Mädchen, denen ich hätte begegnen können, an all die Mädchen, mit denen ich hätte tanzen oder ihnen vielleicht Liebeserklärungen hätte machen können, genau so, wie meine Brüder Peter und Paddy. Es war dann nicht leicht, in einem Stuhl zu sitzen und Cäsars Gallischen Krieg, die Geschichte des Mittelalters oder sogar Shakespeare zu lesen – oder wenigstens den Versuch zu machen. Ich hatte immer noch einen „Kummer in meiner Brust". Ich war gerade zwanzig Jahre alt, ich sehnte mich nach anderer Gesellschaft als nur immer Bücher. Ich hatte sowohl die Gefahren als auch ihren Zauber erkannt, und ich wollte dieser Gefahr entrinnen, aus der Verzauberung und der Beschäftigung mit der schwarzen Kunst beständigen Lesens ausbrechen. In solchen Stunden war es mir gleichgültig, ob ich Bildung erhielt oder schreiben lernte. Ich begehrte, die Freude kennenzulernen, an einem schönen Frühlingsmorgen einen Berg zu erklimmen oder im Mondschein mit einem schönen Mädchen an meiner Seite durch die vom Regen reingewaschenen Straßen der Stadt nach Hause zu schlendern.

Ich erinnere mich an einen Abend, als ich mich besonders einsam fühlte und auf Peter und Paddy neidisch war, die mit ihren Freunden ausgegangen waren. Ich war allein zurückgeblieben, ich hatte das Lesen satt. Eine Zeitlang saß ich verdrossen da und tat gar nichts. Da kam Francis herein, um sich diktieren zu lassen. Er setzte sich, nahm seine Feder in die Hand und wartete. Ich wußte, daß ich etwas zu sagen hatte, etwas mitteilen mußte, aber es wollte sich nichts einstellen. Ich dachte und dachte, aber es nützte nichts, die Worte waren alle falsch und verworren. Ich blickte auf meine Hände herab, sie waren nutzlos wie immer. Dann erinnerte ich mich plötzlich an meinen linken Fuß.

„Zur Hölle mit dir, raus hier, Francis", brüllte ich.

Der arme Francis blickte mich an, als wolle er weinen.

„Fort mir dir", rief ich. „Raus –"

Er stand auf, blickte mich über seine Schulter hinweg wie ein erschrecktes Kaninchen an und verließ geräuschlos das Zimmer. Dann warf ich mich auf mein Bett, riß meinen linken Schuh vom Fuß, riß mit dem anderen Fuß meine linke Socke herunter. Ich ergriff einen Bleistift, steckte ihn zwischen meinen ersten und zweiten linken Zeh und begann zu schreiben.

Ich schrieb und schrieb ohne Pause, Stunde für Stunde, ohne mir meiner Umgebung bewußt zu sein. Ich fühlte mich wie ein anderer Mensch. Ich war nicht mehr unglücklich. Ich fühlte mich nicht mehr betrogen oder ausgeschlossen. Ich war frei, ich konnte denken, ich konnte leben, ich konnte schaffen ... Plötzlich öffnete sich die Tür, und Dr. Collis kam herein. Ich unterbrach mich, zog meinen linken Fuß ein, versuchte zu grinsen und sagte irgend etwas von „einem kalten Abend". Er schien nichts zu merken, sondern setzte sich neben das Feuer und begann, über alles Mögliche zu reden. Nach einem Weilchen ging er zu einem anderen Thema über, er sprach von meinem Buch.

„Du mußtest also deinen alten linken Fuß wieder hervorholen", sagte er. Ich zog ihn ziemlich einfältig wieder hervor. „Ich war neugierig“, sagte er, „wie lange du es aushalten würdest. Diktieren genügt nicht so ganz, wie? Nun ich verstehe. Wir wollen es Eirene Collis nicht sagen. Aber benutze ihn nur, wenn du unbedingt mußt.“ Ich fühlte mich erleichtert, friedvoll –, wenigstens manchmal konnte ich wieder ich selber sein. Und wenn ich die Freude des Tanzens niemals erleben konnte, so konnte ich doch die Ekstase schöpferischer Arbeit erleben.

Rote Rosen für sie

Der Tag, an dem das Konzert von Burl Ives in Dublin stattfand, wird immer einer der aufregendsten meines Lebens bleiben. Alles nahm einen ganz ungewöhnlichen Verlauf. Zu der seltsamen Familie Dr. Collis', zu deren Mitgliedern auch ich heute zählte, gehört ein kleiner ungarischer Slowake, den er in Belsen adoptiert hatte. Damals war er ein dunkelhaariger, dunkelhäutiger kleiner Bursche mit unruhigen Augen. Er war sehr krank, als Dr. Collis ihn auflas, und als kürzlich seine Lunge wieder schlimmer wurde, mußte er sich in einer Londoner Lungenklinik einer schweren Operation unterziehen. Burl Ives war ihm schon früher einmal in Dublin begegnet und ihm von Anfang an sehr zugetan gewesen. So besuchte er ihn nun häufig in der Lungenklinik und sang dem armen Kerl und den anderen Kranken der Abteilung Volkslieder vor.

Eines Nachmittags war Dr. Collis in London, um sich bei Sir Clement Price Thomas nach dem Zustand des Jungen zu erkundigen, der jetzt Rekonvaleszent war. Man hatte die Hälfte seines linken Lungenflügels entfernt. Sie gingen in die Abteilung, in welcher der kleine Slowake lag, und sahen, daß hier ein regelrechtes Konzert in vollem Gange war. Alle lachten und sangen zusammen mit Burl Ives. Da hatte Dr. Collis plötzlich eine Idee: er

fragte Burl Ives, ob er in Dublin ein Konzert zugunsten der Cerebral-Palsy-Clinic geben wolle. Burl Ives sagte sofort zu.
Bei seiner Rückkehr nach Dublin kam Dr. Collis mich besuchen und erzählte mir, was sich zugetragen hatte.
„Ich denke mir das so“, sagte er, „Burl Ives wird singen, und ich werde ein paar Worte zugunsten der Cerebral-Palsy-Clinic sprechen. Aber ich glaube, wir würden viel größeren Erfolg haben, wenn du es tätest.“
„Ich“, fragte ich, „wie soll . . .?“
„Mit deinem Fuß“, sagte er.
„Meinem Fuß“, sagte ich.
Er lachte. „Du bist doch mit deinem ersten Kapitel fertig, das über den Buchstaben A und deine Mutter“, sagte er. „Wenn ich ihnen das vorlesen würde, dann würden sie mehr von dem wahren Wesen der zerebralen Kinderlähmung erfahren, als wenn ich eine Stunde lang zu ihnen spräche. Aber du müßtest mitkommen und neben mir sitzen, damit sie genau wissen, daß es deine Arbeit ist und nicht meine.“
Ich dachte einen Moment nach. Ich malte mir aus, wie ich vor einer großen Zuhörerschaft säße und Hunderte von Gesichtern vor mir sähe, die alle zu mir aufblickten, unbekannte Gesichter, forschende Gesichter mit neugierigen Augen, die meine merkwürdigen Bewegungen, meine sich verschlingenden Hände und meinen schiefen Mund betrachteten. Ich zögerte. Er legte seinen Kopf ein wenig auf die Seite. Er erriet meine Gedanken.
„Kannst du es machen?“ fragte er.
„O. K.“, sagte ich, „ich kann es, natürlich –“
Aber ich hatte noch Angst genug.
Die Vorarbeiten nahmen einen schnellen Verlauf. Die Ireland-America-Society sollte die Schirmherrschaft übernehmen, und viele hervorragende Leute wurden eingeladen. Die Aberdeen-Hall im Gresham Hotel, ein großer hübscher Raum mit mehr als fünfhundert Sitzen, wurde

gemietet, Eintrittskarten wurden ausgegeben, es kamen Notizen in die Zeitungen, bekannte Reporter machten Interviews. Die ganze Stadt wußte davon, aber nirgends wurde soviel darüber gesprochen wie bei uns. Alle in der Familie sagten, sie müßten kommen, um Burl Ives zu hören. Mutter sagte auch, sie wolle Dr. Collis mein Kapitel lesen hören. Aber mir wollte scheinen, daß, wenn die ganze Familie und die Freunde Freikarten bekämen, sie leicht den ganzen Saal füllen könnten, und dann würde nicht viel Geld für die Cerebral-Palsy-Clinik übrigbleiben! Tagelang gab es heftige Debatten. Es war natürlich selbstverständlich, daß Vater und Mutter kamen. Dann sagte Peggy, sie habe sich entschlossen, neben mir zu sitzen. So war sie mit dabei. Mona und ihr Mann Tom sagten, sie wollten Eintrittskarten kaufen. Tony, Peter, Paddy, Jim, Eamonn, Seàn, Francis, Danny sagten, sie wollten keine Eintrittskarten kaufen – jedenfalls nicht, um mich zu hören! Lily und Ann hatten keine Gelegenheit, ihre Ansicht zu äußern, aber man nahm an, daß sie schon irgendwie erscheinen würden. Dann erhob sich die Frage, wie wir alle von Crumlin nach der O'Connell Street im Zentrum der Stadt an einem Sonntagnachmittag gelangen sollten und wie ich in das Gresham Hotel hineingebracht werden könne. Hinter der Eingangstür befand sich eine große offene Halle, die immer voller Menschen war. Mona sagte: „Am besten wäre es, wenn wir einen Córas Iompair Eireann Buk mieteten."
Schließlich erbot sich jedoch ein Freund der Familie, Sid Mac-Keogh, der einen großen amerikanischen Wagen besitzt, sämtliche Browns zu befördern.

Robbie Collis, der große, blondhaarige und kräftige Sohn des Doktors, ein Student der Medizin, sagte, er wolle mich durch eine Tür auf der Rückseite des Hotels hineinfahren und mich auf meinen Platz setzen, ehe die Veranstaltung beginne.

Der Tag war gekommen. Den ganzen Vormittag sah unser Haus aus wie eine Kneipe am Sonnabendabend. Alle rannten durcheinander, und alle sprachen zur gleichen Zeit. Mutter hatte sich einen Pelzmantel von einer Freundin geliehen und probierte ihn an. „Wie sehe ich aus?" fragte sie, während sie sich mitten in der Küche in verschiedene Posituren stellte.

Es trat Stille am Tisch ein, als wir uns umdrehten, um unser Modell zu prüfen. Keiner sprach. Keiner von uns wollte sich bei einer so schwierigen Frage eine Blöße geben. Zuletzt nahm Peter wieder seine Zeitung auf und sagte unbestimmt, während seine Augen beflissen in die Zeitung blickten:

„Ich las gerade, daß gestern abend ein Bär aus dem Zoo entlaufen ist ..."

Mutter war über eine solche Bemerkung völlig erhaben, sie suchte ihren Londoner Hut hervor und setzte ihn, vor dem Spiegel stehend, auf. Mona versuchte sie zu überreden, ein wenig Lippenrot und Puder aufzulegen, aber Mutter sagte, sie wolle sich nicht vergiften.

Auch Vater hatte sich fein gemacht. Er hatte einen neuen Anzug gekauft und eine seltsame Art Hut, der eine Kreuzung zwischen einem Tirolerhut und einer Melone zu sein schien. Er trat jetzt äußerst elegant aussehend in Erscheinung. Der Hut paßte bestens auf seinen Kopf.

Dann begannen sie, mir einen Smoking anzuziehen, den sie heimlich aus einem Verleihgeschäft besorgt hatten, ohne mir etwas davon zu sagen. Trotz meines Widerspruchs wurde ich von Peter und Tony unerbittlich hineingesteckt.

„Du mußt anständig aussehen", sagten sie.

Das Auto kam pünktlich, und wir zogen aus wie eine königliche Familie in einem Vierspänner. Nur ein halbes Dutzend von uns konnte darin verstaut werden, deshalb fuhren die andern mit dem Bus: Brüder, Schwestern, Schwager, Schwägerinnen, Neffen, Nichten – ungefähr anderthalb Dutzend oder so, ohne ein ganzes Gefolge von Freunden und Verwandten zu erwähnen, die noch nachfolgten. Es sah aus wie ein auf dem Marsch befindliches Regiment, als sie sich alle Arm in Arm auf den Weg machten und durch die Straße zogen.

Wir fuhren zum Hause von Dr. Collis, wo Robbie sich noch hineinquetschte, indem entweder er sich auf irgendein Knie oder jemand anderes sich auf das seine setzte, ich habe vergessen, was für ein Knie es war.

Endlich erreichten wir das Hotel. Zuerst stiegen die anderen am Vordereingang aus, und dann fuhr der Wagen mich zum Hintereingang. Ich bildete mir ein, ein ganz ansehnliches Gewicht zu haben, aber Robbie Collis bückte sich einfach, hob mich auf seine Arme und trug mich hinein, ohne auch nur einmal zu stöhnen. Die Veranstaltung hatte noch nicht begonnen, der Vorhang war noch nicht hochgezogen, und so wurde ich in einen Stuhl neben Mutter, Vater, Peggy, Tony und Sheila, seine Frau, gesetzt. Ich konnte hören, wie auf der anderen Seite des Vorhangs die Leute sich unterhielten und mit den Füßen scharrten, als sie auf ihren Sitzen Platz nahmen. Ich wußte, daß eine große Menschenmenge im Saal anwesend war und daß der Vorhang jetzt jede Sekunde hochgehen mußte. Mir war scheußlich zumute. Es waren sehr viel mehr Leute erschienen, als Eintrittskarten ausgegeben waren, und viele von ihnen wurden hinter uns, im hinteren Bühnenraum, zusammengepfercht. Ich blickte um mich und sah, daß man mich auf der rechten Seite der Bühne untergebracht hatte, die Mitte hatte man freigelassen. Dort standen nur drei oder vier Stühle, welche jetzt von dem Präsidenten der Ireland-American-Society, von Mr. John Huston, dem Filmproduzenten, und Dr. Collis eingenommen wurden. Dann war da noch eine strahlend schön aussehende Dame, die, wie ich meinte, ein Filmstar sein mußte, und eine Unmenge von Leuten, die ich nicht kannte.

Dann erblickte ich durch den Türspalt an der Seite der Bühne etwas sehr Auffallendes. Es war ein Mann, zunächst aber konnte ich nichts weiter sehen als nur ein riesiges Stück goldener Weste und grüne Hosen. Dann wurde das, was dazugehörte, sichtbar. Ich meinte, niemals zuvor etwas so Gewaltiges und Prächtiges gesehen zu haben. Denn der Eigentümer der Weste hatte nicht nur Leibesumfang aufzuweisen, sondern auch Länge. Er mußte über sechs Fuß in die Höhe aufragen und nahezu drei Zentner wiegen. Er hatte ein lächelndes Gesicht wie ein Mond, kleine Augen und einen Spitzbart. Er trug eine Guitarre über der Schulter. Auf mich machte er einen phantastischen Eindruck, er wirkte wie ein Riese aus einem Märchen inmitten einer Menge gewöhnlicher Sterblicher. Es war Burl Ives.

Im nächsten Moment ging der Vorhang auf, und die Veranstaltung war sogleich im Gange. Ich packte die Lehnen meines Stuhls und versuchte, mich zu regungslosem Stillsitzen zu zwingen. Alles, was ich sehen konnte, war eine große weiße Fläche von Gesichtern, die zu mir heraufstarrten. Ich fühlte, wie mir abwechselnd heiß und kalt wurde. Ich war mir jeder meiner unfreiwilligen Bewegungen bewußt, auch wenn sie noch so geringfügig war, und die Tatsache, daß ich mir ihrer derart bewußt wurde, ließ sie zu meiner Qual nur immer noch deutlicher sichtbar werden. Ich schien ganz allein auf der Bühne zu sein, und ein grelles Licht stürzte auf mich herab. Es war, als läge ich unter den Linsen eines Mikroskops, so daß keine einzige Bewegung, die ich machte, unentdeckt bleiben konnte. Ich fühlte mich von tausend Augen beobachtet, und ich fühlte auch wieder den alten panischen Schrecken in mir aufsteigen.

Dann begann Burl Ives zu singen. Er hatte eine wunderbare, weiche volle Stimme mit einem Unterton von Komik. Sein Geist war künstlerisch und zuweilen drollig.

Ich schloß meine Augen, ich lauschte seinem Gesang und vergaß fast ganz mein Lampenfieber.
Bald lachte ich wie alle anderen, als er sang: „Die Fliege mit dem blauen Schwanz“, „Mr. Frosch auf Freiersfüßen“, „Großmutters Haus“. Zum Schluß sangen alle mit.

Es war ein altes Weib,
Und einfach nur zum Zeitvertreib
Verschluckt' es eine Fliege.
Nun weiß ich nicht, warum sie's tat,
Mag sein, sie wurde nicht ganz satt,
Mag sein, sie muß nun sterben ...

Ich ertappte mich dabei, daß ich wie alle anderen im Saal mitsang.
Ich hatte so sehr gelacht, daß ich meine Umgebung völlig vergessen hatte. Dann hörte er plötzlich auf und trat von der Bühne ab, es gab noch mehrere Wiederholungen, und dann zog er sich endgültig zurück. Danach verkündete der Präsident der Ireland-America-Society, daß Dr. Collis den Zuhörern etwas in der Angelegenheit der Cerebral-Palsy-Association zu sagen habe.
Dr. Collis stand auf und ging zum Mikrophon. Die Menge vor ihm war immer noch in einer aufgeräumten Stimmung, man lachte und unterhielt sich. Es würde nicht leicht sein, ihre Aufmerksamkeit zu gewinnen.
Er nahme mein Manuskript aus seiner Tasche und legte es auf das Pult vor sich.
„Ich werde keine Rede halten“, sagte er. „Ich werde nicht einmal für die Cerebral-Palsy-Association werben. Ich werde Ihnen nur etwas vorlesen, was Ihnen einen Einblick in das Innere eines Menschen gibt, der wegen einer zerebralen Kinderlähmung verkrüppelt ist. Das erste Kapitel der Autobiographie von Christy Brown hier“, – er zeigte mit der Hand in meine Richtung – „die er mit seinem linken Fuß geschrieben hat.“

Dann begann er zu lesen. Während der ersten wenigen Minuten ging es unter den Zuhörern noch ziemlich geräuschvoll zu, man scharrte mit den Füßen, man hustete. Einen Mann sah ich eine Morgenzeitung lesen. Offensichtlich war er nicht gekommen, um einer Vorlesung über Krüppel zu folgen, sondern um sich eines Konzerts zu erfreuen.

Allmählich jedoch, als Mr. Collis weiterlas, hörten Unruhe und Lärm auf. Es herrschte Schweigen, völlige Stille. Ich blickte auf die Gesichter vor mir herab, aber jetzt waren es nicht mehr forschende Gesichter mit neugierigen Augen, sondern aufmerksame, freundliche Gesichter voller Interesse. Ich hatte jetzt nicht mehr den Eindruck, daß sie ausschließlich auf mich gerichtet waren, sondern sie hingen an dem Vorlesenden, der immer noch las. Sie hörten wirklich zu . . .!

Ich saß immer noch mit angespannten Muskeln auf der Bühne, immer noch gestrafft wie Telegraphendraht, schutzlos allen Blicken ausgesetzt. Aber nach einem Weilchen begann ich selber zuzuhören, und dabei löste sich meine Verkrampfung. Ich vergaß meine sonderbaren Hände, die sich in meinem Schoße drehten und wanden. Ich vergaß meinen schiefen Mund und meinen zuckenden Kopf. Ich lauschte . . . War das Wirklichkeit: ich saß mit Mutter und Vater auf einer Bühne vor einer großen Zuhörerschaft und lauschte einer Beschreibung meiner eigenen Kindheit? Hatte ich das alles wirklich geschrieben? Kam das wirklich alles nur aus meinem Kopf? Mir war, als träumte ich.

Ich lauschte . . . ich erinnerte mich an jenen Tag, – an den Tag im Dezember, als ich zum erstenmal mit einem Stückchen gelber Kreide in meinem linken Fuß den Buchstaben „A“ geschrieben hatte, während Mutter neben mir auf den Holzdielen der Küche saß und mich ermahnte, nicht abzulassen . . . ich erinnerte mich an meine Brüder, an den Tag, an dem Tony mich hinter einem Busch auskleidet, mir Jims viel zu große Badehose angezogen und mich in den Kanal geworfen hatte, während der arme Jim danebenstand und schrie: „Er wird ertrinken ... paß bloß auf." Ich erinnerte mich an jenen schrecklichen Tag, als ich erkannt hatte, wie es um mich stand, das Entsetzen, das mich gepackt hatte, als ich einsehen mußte, daß ich mein Leben lang ein Krüppel sein würde, – und an die mit Malen ausgefüllten Tage und an die einsamen Nächte im Bett, wenn Peter neben mir im Dunkel friedlich schnarchte ... ich erinnerte mich an Lourdes mit seinen Kerzen, die vor der Grotte flackerten ... und an Sheila, wie sie an den Vormittagen im Dezember in die Klinik kam mit vom Wind zerzausten Haaren und regennassem Gesicht ...

Plötzlich wurde ich gewahr, daß Dr. Collis zu lesen aufgehört hatte. In dem großen Saal herrschte völlige Stille. Ich sah, daß in der vordersten Reihe jemand weinte. Ich blickte zur Seite, ich sah Mutter, die mit glänzenden Augen aufrecht dasaß. Ich sah Vater, der seinen Hut in den Händen drehte und mich auf ganz neue Art anblickte. Immer noch war kein Laut zu vernehmen. Jetzt schritt Dr. Collis über die Bühne, legte seine Hand auf meine Schulter, half mir auf die Beine. Dann brach der Beifall los ... Er dauerte an, er schien nicht aufhören zu wollen und uns zu überfluten wie Wellen des Meeres.

Plötzlich brachte jemand aus dem Zuschauerraum einen großen Rosenstrauß nach vorn, Dr. Collis ergriff ihn. Er schritt zu der Stelle hinüber, wo Mutter stand. Er hob die Hand hoch. Der Beifall verstummte.

„Ich glaube, Sie werden einverstanden sein", sagte er zu den Zuhörern, „daß hier nur eines in Frage kommt – rote Rosen für Mrs. Brown! Für Sie, Ma'am!" sagte er, indem er meiner Mutter mit einer Verbeugung den Strauß überreichte. Wieder brach der Beifall los. Weit im Hintergrund des Saales konnte ich eine Gruppe meiner Brüder sehen – Jim, Francis, Paddy, Peter und Seàn, – sie jauchzten und schrien wie die Teufel.

Mutter nahm den Strauß entgegen und sah aus wie eine Königin-Mutter, so als sei sie es durchaus gewohnt, an jedem Tag ihres Lebens Rosen zu empfangen. Mir wollte scheinen, als habe sie einen ziemlich roten Kopf, aber ich wußte nicht, ob die Rosen oder der Pelzmantel schuld daran waren. Neben ihr stand Vater mit herabhängenden Schultern und vorgeneigtem, kahlen Kopf. Als Mutter die Blumen in ihren Arm legte, hörte ich sie laut flüsternd mit zusammengepreßtem Mund sagen:

„Geradestehen, Paddy, nimm dich zusammen!“ Vater reckte sich, ließ aber seinen Hut fallen. Peggy hob ihn auf. Dann kam Burl Ives wieder auf die Bühne. Er begann, unsere alten irischen Volkslieder zu singen. „Sie ging auf dem Jahrmarkt spazieren“, seine eigene Fassung von „Die Spanierin“.

Jetzt konnte ich gelöst sein und den Augenblick voll und ganz auskosten. Ich hatte Frieden gefunden, ich war glücklich. Ich lehnte mich in meinen Stuhl zurück, während mein alter, treuer linker Fuß zum Rhythmus der Melodie den Takt schlug.

Nachwort

Zerebrale Kinderlähmung ist der medizinische Ausdruck für eine Reihe von Zuständen, die durch eine Hirnverletzung hervorgerufen werden, und zwar entsteht eine solche Hirnverletzung während des Geburtsvorganges oder kurz danach. Je nachdem, welcher Teil des Hirns betroffen wurde, bleibt das Kind entweder steif, also spastisch gelähmt, oder es wird alle möglichen anormalen, ausfahrenden Bewegungen ausführen, was man als Athetose bezeichnet; es kann sich auch eine Störung der Koordination bei willkürlichen Muskelbewegungen einstellen, Ataxie genannt. Es gibt noch andere Varianten, aber die hier aufgeführten gehören zu den wesentlichen Erscheinungen, die unter dem allgemeinen Ausdruck „zerebrale Kinderlähmung" zusammengefaßt werden.

Da Kinder nicht nur durch den Gesichtssinn und den Gehörsinn lernen, sondern auch durch Tasten und Bewegung im Raum, bleiben alle Fälle, zu welcher Art sie auch gehören mögen, schon als Säugling in ihrer geistigen Entwicklung zurück. Es ist manchmal außerordentlich schwierig zu ermitteln, ob sie tatsächlich von Geburt an schwachsinnig sind, weil sie eine Schädigung des Denkzentrums im Hirn erlitten haben, oder ob sie im wesentlichen geistig normal und nur deshalb zurückgeblieben sind, weil sie ihre Bewegungen nicht nach ihrem Willen lenken können. Im großen und ganzen kann gesagt werden, daß die spastischen Fälle meist geistig völlig normal sind. Christy Brown gehört zu der athetotischen Gruppe. Er war ein schwerer Fall. Außer mit seinem linken Bein und seinem linken Fuß konnte er überhaupt keine Bewegung geordnet ablaufen lassen. Daraus ergab sich, daß er auch die Sprachmuskeln nicht zu gebrauchen verstand und folglich nicht imstande war, sich mittels der Sprache

verständlich zu machen. Nur seinen nächsten Angehörigen gelang es im Lauf der Zeit, seine merkwürdigen Grunztöne und sonstigen Sprechgeräusche so zu verstehen, wie man eine fremde Sprache versteht.
Erst vor verhältnismäßig kurzer Zeit hat man entdeckt, daß solche Fälle durch entsprechende Behandlung weitgehend gebessert werden können. Noch vor zehn Jahren wurden an zerebraler Kinderlähmung leidende Kinder allgemein in Hinterstuben verborgen gehalten, manche waren in orthopädischen oder anderen Spezialkliniken untergebracht, aber es wurde wenig für sie getan. Phelps in Baltimore und Carlson, der selber ein athetotischer Fall war, aber heute als Arzt in Amerika tätig ist, zeigten, wie man mit völlig neuen Behandlungsmethoden an solche Fälle herangehen kann. Anstatt versteifte Muskeln zu operieren und Schienen zu benutzen, brachte man den Kindern bei, wie sie diejenigen Nervenbahnen, die noch unverletzt vorhanden waren, betätigen mußten. Es stellte sich heraus, daß viele Kinder völlig geheilt werden konnten. Sie lernten tatsächlich, beinahe normal zu gehen und zu sprechen, und bei vielen – wenn man früh genug mit der Behandlung anfing, sogar bei den meisten – trat weitgehende Besserung ein.
Die Arbeit der allmählichen Heilung und Umerziehung erfordert jedoch sehr viel Zeit und Mühe. Sie verlangt vom Patienten wie auch vom Lehrer außerordentliche Geduld. Ähnlichen Schwierigkeiten begegnete man vielleicht schon, wenn Stotterer normal zu sprechen oder Einhänder mit der linken Hand zu schreiben lernten. Man schätzt, daß es in Süd-Irland bei einer Bevölkerung von drei Millionen ungefähr fünfhundert dieser Fälle aller Altersstufen gibt.
Christy Brown war ein besonders schwerer Fall von Athetose, verursacht durch eine anormale Geburt im Rotunda-Hospital. Der leitende Arzt hatte nicht damit gerechnet, daß Christy am Leben bliebe. Er war in so

hohem Maße „gelähmt", daß man ihn warscheinlich völlig aufgegeben hätte. Aber seine außergewöhnliche Mutter lehnte sich mit größter Hartnäckigkeit dagegen auf und bewahrte ihn so vor dem grausamen Schicksal, ein für allemal in einem Heim für geistesschwache Kinder gefangengehalten zu werden und niemals wieder herauszukommen. Weil jedoch nicht nur seine Mutter, sondern auch sein Vater und seine vielen Geschwister ihn als normales Mitglied in den Kreis ihrer Familie aufnahmen, durfte er zu Hause bleiben und lernte sogar lesen und mit seinem linken Fuß schreiben.

Aber erst als er siebzehn Jahre alt war, eröffnete ich die erste Klinik für zerebrale Kinderlähmung in Irland, nachdem ich durch meine Schwägerin, Eirene Collis, in die neuen Behandlungsweisen eingeweiht worden war. Sie selber hatte die neuen Methoden von Phelps und anderen gelernt, diese dann in Europa eingeführt und weiter vervollkommnet.

Siebzehn Jahre sind sehr spät, um mit der Behandlung der Athetose zu beginnen. Der Anfang besteht darin, das Entspannen zu erlernen, und mit siebzehn Jahren haben sich bei den Patienten bereits viele Fehlentwicklungen herausgebildet, sowohl körperlicher Art als auch auf seelisch-geistigem Gebiet. Darum war es keine leichte Aufgabe, Christy Brown als Patienten in die Klinik aufzunehmen. Meine Schwägerin erkannte, wieviel Anstrengungen er schon darauf verwendet hatte, mit seinem linken Fuß zu schreiben und sich dadurch Ausdruck zu verschaffen. Aber hätte er ihn weiterhin zum Schreiben benutzt, so hätte Christy die verschiedenen Übungen, die die Grundlage der ihm vorgeschriebenen Behandlung bildeten, niemals durchführen können. Deshalb mußte er zunächst einmal gänzlich darauf verzichten, seinen linken Fuß zu gebrauchen. Aber im Laufe der Zeit erlaubte ich ihm dann, den linken Fuß wieder ein wenig in Anspruch zu nehmen, als das der einzige Weg zu sein schien, sich

mitteilen zu können. Ihm diese Ausdrucksmöglichkeit zu verwehren, bedeutete, eine weit schlimmere Verkrampfung herbeizuführen, die seine Besserung nur noch mehr hinausgezögert hätte.
Während der letzten Jahre ist Christy Brown ein gutes Stück weitergekommen: er hat gelernt, aufrecht zu sitzen, zu stehen, unter großen Schwierigkeiten durch das Zimmer zu gehen und so zu sprechen, daß jedermann ihn verstehen kann, obwohl es ihm immer noch schwerfällt, manche Wörter deutlich zu artikulieren. Er ist auch immer noch schwer behindert, denn er kann seine Hände beinahe nicht gebrauchen, so daß er nicht ohne fremde Hilfe essen und trinken, noch sich selber ankleiden kann. Ich bin etwas in Sorge, wie er weiterhin „schreiben" soll, denn es kann ja nicht immer wieder neue junge Maurerlehrlinge geben, die bereit sind, als sein Sekretär zu fungieren. Er macht indessen dauernd weitere Fortschritte, und ich habe berechtigte Hoffnung, daß die Veröffentlichung dieses Buches ihn in den Stand setzen wird, eine elektrische Schreibmaschine zu erwerben, die er dann mit einer Hand bedienen könnte. R. C.

Ein Kennzeichen unserer Zeit ist es, sich informieren zu wollen – uneingeschränkt, nach allen Seiten. Wir möchten heute mehr wissen von anderen Ländern und ihrer Kultur. Im Mittelpunkt des Interesses steht der Mensch mit seinen vielfältigen Problemen. Hautfarbe und politische Abgrenzungen sind ohne Belang. Seit vielen Jahren hat der Verlag deshalb Autoren in sein Programm aufgenommen, deren Werke geprägt sind von der in diesem Sinne erlebten Wirklichkeit.

Als Dokument und Maß menschlicher Integrität und Unbeugsamkeit angesichts von Lüge und Gewalt müssen hervorgehoben werden die Briefe Helmuth von Moltkes aus der Todeszelle. Diese schmale Sammlung steht am Anfang einer Reihe von Büchern, die aus verwandtem Geist geschrieben sind. Zu ihnen gehören vor allem die Werke Laurens van der Posts. In seinen kulturphilosophisch-erzählerischen Berichten bringt er uns die Welt Afrikas nahe – eine Welt, in der noch lebendig ist, was dem Europäer als verlorenes Paradies erscheinen mag. Auch in seinen Rußlandbüchern begegnen wir dem Ursprünglichen, Elementaren, das er auf seiner Reise durch dieses unbekannte Land hinter dem Vordergründigen entdeckte.

Dem Verständnis zwischen den Völkern sollen die Bücher von Erzählern aus Polen, Mexiko, Italien und Rußland dienen. Neben dem packenden Geschehen lassen sie ein Stück von der Eigentümlichkeit und der Poesie der Menschen und ihrer Umwelt sichtbar werden.